解放のパラドックス

世俗革命と宗教的反革命

マイケル・ウォルツァー
Michael Walzer

萩原能久［監訳］

風行社

THE PARADOX OF LIBERATION

Secular Revolutions and Religious Counterrevolutions

by Michael Walzer

Originally published by Yale University Press

Japanese translation published by arrangement with Yale Representation Limited
through The English Agency (Japan) Ltd.

生きていればこの書物について私と議論を交わしてくれたであろう
同僚で友人であったクリフォード・ギアツ（一九二六―二〇〇六）との思い出に

序文

本書における私のプロジェクトは、民族解放の歴史において頻発し、かつ私に戸惑いを感じさせるパターンを描き出すことである。私が取り上げてみようと思う事例は多くない。それは第二次世界大戦後における三つの独立国家の創設――一九四七年から四八年にかけてのインドとイスラエル、一九六二年のアルジェリア――である。また、私は独立を達成した世俗的な政治運動とおよそ四半世紀後にそれが達成したものに異議を唱えた宗教運動とに焦点を当てる。第一章では、三つの民族解放運動――インド国民会議、労働シオニズム、アルジェリアのFLN（民族解放戦線）に言及するが、主として取り上げるのはFLNである。また私は古代イスラエルの民の出エジプトを取り上げる。私自身が過去に論じてきたし、西洋の著作家たちが革命と民族解放に関して一般的に言及してきたからである。歴史でなく文学であったとしても、それは外国の支配から民族を解放した最初期の事例である。第二章では、シオニズム運動とそれが生み出した国家という私が熟知している事例を使って、頻発するパターンを詳細に論じる。第三章では、三つの事例すべてへの一つの代替的視点を考察する。それは主にマルクス主義の著述家が支持してきたものである。第四章では、ポスト・コロニアル研究においてインドの著述家たちが展開してきた二つ目の代替的視点を取り上げ、その上で、まずインドを精査し、その後再びイスラエルを分析することで民族解放に未来があるのかを問いたい。

私はこれらから描こうとするパターンが普遍的であるとか、まったく同じことが繰り返されてきただけであるとか主張するつもりはない。私は政治という営みについてのある格言に従う。それは次のようなものである。何事においても同じものはありえないが、いくつかの事柄——出来事、過程、運動、制度——は別の事柄に類似し、入念な比較を行うことは、その類似と差異を理解するのに役立つ。私のプロジェクトについて助言してくれた友人や同僚は〔三つの事例の〕差異が大きいことを心配しいろいろな周縁的事例について私に注意を促してくれた。例えば、FLNの樹立した国家の権威主義的性格がゆえに、アルジェリアの事例はインドにはあてはまらないと強い口調で言われた——そして私はその見解の幾ばくかをここで採用した。また同僚や、草稿に目を通してくれた人たちのなかにはユダヤ人の離散とパレスチナのアラブ人たちとの初期から続いている闘争は特殊事例であって、シオニストは例外であると言う人もいた。私はこれらの問題を扱うつもりだが、しかし私の第一の主題は民族解放そのものであり、私がとりあえずそう呼ぶところの国内関係（internal relations）なのである。ここに、三つの事例にまたがる類似性が強く存在することを読者は読み取ってくれるであろう。

重要なのは、私の目的が徹頭徹尾、科学的説明ではなく理解にあることを強調することである。私は三つの事例が一連の被覆法則（covering law）として表現できるとは主張しないし、「法則」がカバーしないであろう歴史的・同時代的な事例が存在する。確かに、これら三つの事例のその各々は、私の図式的な説明より大幅に複雑な方法によって描いてみることもできる。そこで私は一般的な図式を描いた後、多少なりとも複雑な説明をしてみよう。しかし、私の説明は、そのもっとも単純な形であってでも、「民族解放に何が起きたのか」という必要な探究の有用な第一歩を提供できると信じている。

少なくともはじめのうちは、これはサクセス・ストーリーである。三つの民族は確かに外国の支配から解放された。しかし、同時に、現在そこに存在する国家は民族解放運動の当初の指導者や知識人たちが思い描いた国家ではないし、またそれらの国家の道徳・政治文化、その国家の内実とでも言っていいものは、創始者の期待していたものではまったくない。次の一つの差異が私の分析の中心にあり、私はそれに立ち戻り続けるつもりである。つまり、確かに三つの運動はすべて世俗的であり、明白に世俗的なプロジェクトにコミットしていたが、しかし彼らが作った国家においておおまかに原理主義的宗教と呼べるものに根付いた政治が今日、強大なものとなっているのである。三つの異なる宗教を持つ三つの異なる国家において、そのタイムテーブルは著しい類似を見せる。独立から約二、三〇年後、世俗国家は戦闘的宗教運動の挑戦にさらされていた。この予期せざる結果が、民族解放の逆説の中心的な特徴なのである。

同じ物語は他の事例や別のタイムテーブルにも当てはめることができるだろう。二つの極めて異なった形の世俗的政治運動が二〇世紀において現れた。最初のものはあからさまに権威主義的であり、ロシアのレーニンとトルコのアタテュルクはその最初の典型例である。またエジプトのナセルとシリア、およびイラクにおけるバース党は権威主義的な世俗主義の発展形態である。アルジェリアのＦＬＮをこのグループに含めてもよかろう。つまり、独立直後に打ち立てられた国家が一つの政党のみを容認し、その政党ですらもが自分たちが支配していたはずの軍に乗っ取られるのである。しかし、ＦＬＮは当初、公式に民主主義にコミットし、また少なくともその活動家の何人かはそれにコミットし続けていたため、私はそれをインドやイスラエルなどの筋の通った民主主義に忠実であり続けた事例に結び付けることを選ぶ。民主主義的コミットメントと世俗主義者のそれとの組み合わせは、私の考えでは、決定的に民族解放のプロジェクトに重要であり、これから論じようとしている運動を「解放運動的（liberationist）」と呼ぶ重要な理由である。宗教的反革命によって挑戦され、打倒された運動があるとしても、それはこうした運動を他の革命やナショナリストの運動と区別したいと思う理由でもある。

ここで考察の対象となっている三つの民族解放運動は、「西洋化」であるとして宗教的（またポスト・コロニアル的な）批判者から攻撃されてきた。このような非難は間違いなく正しい。重要なところでは、解放運動家はヨーロッパの左翼の政治運動を真似ている。私自身の政治観もそれに由来するものだから、こうした批判が私を困惑させることはない。しかし、それは民族解放の逆説のもう一つの側面を指摘している。つまり、活動家たちは自分たちが戦っている相手の、帝国的な支配を行っている当の人々とともに同じ学校に通い、また自分たちの民族をエドワード・サイードが「オリエンタリズム」と呼ぶものに極めて近い視点で見ている。この術語は「西洋化」のように軽蔑的な意味合いを持つが、それでもまだ「オリエンタリスト」に賛成して言っておくべきことは多く存在する——彼らに反対して語るべきこともまた存在するのだが。民族解放の闘士と、彼らが解放しようとする民族との問題を孕んだ関係は、続く章における私の議論の中心的なものである。これが私の考察するつもりの「国内関係」であり、宗教的な反革命を説明するために役立つ。

私の第一の問い——民族解放に何が起きたのか——はわれわれを別の問いへとも導く。それは世俗の民主的左派に何が起きたのかという問いである。ここに、この本を私に書かせることになったより深い問題——おそらく不安と呼んだ方がいいかもしれないが——がある。それは私が扱う三つの事例に収まらない問いであるが、私はそれについて抽象的に書きたくはない。私はいつも抽象的な議論にはうんざりして付き合いきれないのである。私は具体的に書きたいし、インド、イスラエル、アルジェリアの事例は世俗の左派が、政治的覇権と文化的再生産を握ることがいかに困難であるのか、有用な事例を提供してくれる。説明に役に立つかもしれない他の事例がある。私はアメリカに言及する場合ですら、このような困難がつきまとうと論じることもできる。アメリカ革命は、世俗的（かつ少なくとも擬似民主的）なコミットメントの印象的な事例ではあるが、民族解放闘争ではない。この国にかつて世俗の左派がいたことを疑う読者は、われわれの歴史揺籃期を見るべきだ。最初の移民と政治的父祖たちは旧世界の宗教的支配階級から自らを解放し、より正確には解放し始め、彼らは世界史における最初の世俗国家と私が考えるものを設立した。私はなぜ二〇世紀の事例を特徴づける逆説が一八世紀のアメリカに存在しないのかをポストスクリプトで簡単に説明しよう。これはアメリカ例外主義を肯定する主張であり、私はその主張に一つの大きな修正をつけ加えるつもりである。一八世紀のアメリカ人がどれほど例外的であろうとも、今日のわれわれはそれほど例外的ではない。

第一章　民族解放の逆説

I

民族解放は野心的で、また、当初から多義的なプロジェクトである。民族は外部の抑圧者たちから解放されなければならないだけではない――こちらの方はある意味で分かりやすい――それだけでなく、外部からの抑圧が内部にもたらす影響からも解放されなければならない。外国による支配がもたらす心理的影響について鋭い筆致で書いたチュニジア系ユダヤ人であるアルベール・メンミ[訳注1]は決定的に重要な指摘を行っている。ユダヤ人は「彼らの生活に課せられる無数の制限からなる客観的、外的圧力と（…）おなじように有害な結果をもたらす自己抑圧という二重の抑圧[1]」

〔訳注1〕アルベール・メンミ Albert Memmi（1920- ）　現代フランスの作家、評論家。チュニジアのチュニスでユダヤ人の父親とベルベル人の母親の家庭に生まれ、アルジェ大学、パリ大学で哲学を学ぶ。パリ第一〇大学で社会心理学を講じ現在は同大学名誉教授。主著『脱植民地国家の現在――ムスリム・アラブ圏を中心に』、『人種差別』、『あるユダヤ人の肖像』など。

から解放されなければならない。これらの二つが一緒になってもたらす一つの帰結は外国による支配との仲介者としての伝統的エリートによる内政支配である――彼らは、ほとんどの場合男性であるが、服従させられた民族とその支配者との間を行ったり来たりし、支配者と交渉を行い、必要な時には賄賂を渡し、必要だと思われる時には彼らの要求を呑み、困難でしばしば屈辱的でもある関係から引き出せるだけのものを引き出そうとする者たちである。外国に支配されたすべての民族の中には、「宮廷ユダヤ人」の姿に類似したものを見つけることができる。民族解放の一つの目標はこのような役割の排除とそのような役割を自らのものにした者たちの打倒である。

しかし、このような二重の抑圧がもつもう一つのより重要な影響が克服されなければならない。それは支配される人々の消極性、平静、深い倦怠感である。いかなる民族であれ、置かれた状況に迎合して今ある権力者と和睦することなしに、長い間にわたって外国支配の下で暮らしたり、あるいはユダヤ人のように離散生活を営んだりすることはできない。抵抗の試みは初期段階において大抵は残酷に鎮圧される。その後、抵抗運動は地下に潜り、それ以後は不平、冷笑、言い逃れとなって現われるものである。左派の学者たちはこのようなことを讃えることに努めてきたし、それは讃えられるべきことである[2]。しかし、よりありふれた、より悲しい物語は迎合の物語であり、それは他にあまり魅力のある選択肢が存在しないからこそそうなってしまうのである。迎合とは、迎合を要求する状況の深刻度や、数年であれ、数十年であれ、数世紀であれ、そのような状況が持続する時間の長さ次第では、多かれ少なかれ深い影響を及ぼすものだ。政治の領域においては、迎合は様々な形態をとる。運命論的な屈服、政治的活動から撤退して家事や身の回りの関心事の中に逃げ込むこと、さらには外国人支配者の政治的「優越性」を受け入れることさえもある。この最後の場合においては、現地の文化は何らかの理由により政治に不適合であり、より高次でより精神的な活動に専念するものとして再定義されることになる。「彼ら」、つまりイギリス人、フランス人、多くの場合、ヨーロッパ人なのだが、彼らは政治の才能を持っている。彼らは帝国主義的支配に必要な冷酷さを持ち合わせている。「われわれ」は服従する。なぜならばわれわれはより重要な事に集中しているからだ。冷酷さはわれわれには縁もゆかりもないものだ。(3)

帝国主義的支配者の冷酷さを模倣しようとしなかったモーハンダース・ガンディー〔訳注2〕のような解放運動家たちでさえ、旧来の迎合は克服されなければならないと信じていた。「大衆に自覚を促し、権力を掌握できるよう鍛えること」が必要だった。ガンディーの「建設的プログラム」が目指したのは独立に「ふさわし」く、「〔自分たちのことは〕自分たちでできる」人々を作り出すことだった——それはしかし、イギリス人のように、他人のことまで自分たちでやろうとするものではなかった。(4) このような作業は民族解放に先行して行われてしかるべきものであったはずなのだが、私が扱うすべての事例において、独立が勝ち取られた時点で未完であった。最初から解放運動家たちの建設的プログラムは困難に直面していた。

人々が何らかの形で外国による支配の一形態にひとたび慣れてしまい、自らを順応させてしまったならば、突然姿を現し、彼らを解放しようと申し出る人々は胡散臭がられる——例えば、イスラエル人たちに向かって、彼らがエジプトの奴隷制からいまや解放されるだろうと説明を試みた時のモーセがそうであった。(5) ここにおいて聖書は典型的な、毎度のように繰り返される物語を語っている。若く情熱に満ちた解放運動家たちが解放するつもりの人々に出会った当初は、彼らは恐怖におののき、ためらっているのである。解放運動家たちは解放が可能になる前に（今日の

〔訳注2〕モーハンダース・ガンディー Mohandas Gandhi（1869-1948）「マハトマ」（「偉大なる魂」の意）として知られているインド独立の父。不良少年だったらしいが、一三歳で結婚し、一八でロンドンに留学し弁護士となる。その後南アフリカで弁護士を開業し、人種差別問題に直面する。トルストイの影響で「非暴力」主義を案出し、一九一五年のインド帰国後、二〇年にインド国民会議に参加して「不服従運動」を提唱。一九四七年にネルーとともにインド独立宣言をするも翌年、狂信的ヒンドゥー教徒により暗殺される。

言葉で言うと）人々の「意識を高める」必要があることを悟るのに多くの時間を要しない。

このことは、抑圧と迎合によって形成されてきた人々の既存の意識に反対するということ以外に何を意味するであろうか。意識を高めるということは説得を企てることである。しかし、それはすぐに解放運動家と伝統主義者とでも呼びうる人たちの間の文化戦争に転じることになる。意識を高めることは緊張を孕んだ事業である。ガンディーのようなカリスマ的な指導者にとって伝統的な文化を民族解放の必要性に合わせて転換させることは可能である。しかし、このような路線に沿ってなされる転換は激しい反対に遭いやすい。彼らの成功は短期間のものだろう。そしてガンディーでさえ、とりわけ「不可触賤民」の悲運など、ヒンドゥー文化の多くの側面に対して強く反対していた。彼はよりその教義に忠実で、より伝統的で、おそらくより過激なナショナリズムに加担する形のヒンドゥー教を奉じる者によって暗殺されてしまった(6)。

私はこの事例を、そして私が扱うすべての事例を、ナショナリズムの歴史から引いてきた。しかし、私が強調したいのは、民族解放はその歴史の一つの部分集合であるということ、その一つの要素であるということ、すなわち、その全体ではないということだ。実際、解放運動のプロジェクトは「民族意識の自覚であり、他のどの民族もさしおいてある一つの民族を賛美すること、他の民族に対抗するものとして自文化と自己利益の促進に第一の強調点を置くこと(7)」というウェブスターのナショナリズムの定義とはいくらか食い違っているように思われる。すべての民族解放運動の中には確かにこのような意識を持った人々が存在する――彼らはその右翼を形成する。彼らにとってナショナリズムとはゼロ・サム・ゲームである。しかし運動の指導者たちの「第一の強調点」は二重の意味で異なっている。第一に、彼らは他の民族への支配的な地位を獲得することを目指すというよりも、他の民族との政治的な平等を達成することを目指す。第二に、彼らは積年の権威主義や消極性の伝統から自らの民族を解放しようとする――実にそれは自らの歴史的文化からの解放である。解放は民族の拡大強化というよりは革命的な政治により近い。解放運動の活動家のように、革命家はすでに定着したパターンと化した服従、迎合、そして（マルクス主義者がそう呼ぶところの）「虚偽意識」に対抗しようとする。彼らは根本的な変革を目指す。社会の革命は既存の社会に対抗する闘争を必要とする。民族解放は既存の民族を「賛美すること」ではなくそれに対抗する闘争を必要とする。

またこれは、しばしば、反宗教的な闘争となる。というのも宗教は、ジャワハルラール・ネルー〔訳注3〕が書いたように、「支配的な社会秩序、存在するものすべてに対する服従の哲学」を説くものだからだ。(8) ネルーはここで解放運動の標準的な考えを復唱しているが、それは外国支配への迎合は宗教的な形態を通常取るという事実から来るものである――部分的にその理由は明白であって、今ここでの状況がどれだけ悪かろうと、〔宗教の持つ〕超俗性がどんな時でも慰めを与えてくれるからである。しかし、宗教が与える慰めを実現性のないものでしかないとするなら、民族解放の世俗的な運動家は誤りを犯すことになる。宗教は逆転と勝利、そしてまた断続的に、信仰復興論や千年王国説の運動という、ときに仰々しいが何ら効果的でない幻想を生み出すものでもある。(9) 千年王国説は外国支配への対抗のように見えるし、短期的に見れば確かにそのようにありえはするのだが、長期的に見ればそれは一種の政治的な迎合である――というのも、それは安定的で持続的な対抗政治を生み出しはしないし、千年王国は決して到来することがないからだ。もう一つ別のより具体的な形態を取る迎合は断固として現世的であり、終末論的な出来事を期待したりはしない。実際、ほとんどの宗教は今すぐに認められうるし、認められなければならないような療法を処方する。それは一

〔訳注3〕ジャワハルラール・ネルー Jawaharlal Nehru（1889-1964） 富裕なバラモンの家柄に生まれる。ケンブリッジ大学に学び一九一二年の帰国後ただちにインド国民会議に参加、ガンディーとともにインド独立運動に献身し、何度かインド国民会議議長を務めた。独立後インドの初代首相となる。死後、娘のインディラ・ガンディーが第五代、第八代首相、孫息子のラジーヴ・ガンディーが第九代首相となり、「ネルー・ガンディー王朝」と揶揄されることもある。

般の信者たちの服従を要求し、伝統的な宗教指導者に権威的な役割を与える――彼らは現地における役人や判事であり、外国の支配者によって任命され、その見返りに彼らに服従する者なのだが。

しかし、千年王国説的な政治であれ伝統主義的な政治であれ、それらはイデオロギー的なコミットメントや長期的な積極行動を促すものではない。また、どちらの政治も個人の自由、政治的自立、市民権、民主的統治、科学的教育、経済的発展を約束するものではない。これらすべてのために、民族解放運動家や革命運動家は彼らがその名において行動する人々を変革する必要があり、――そして、そのような変革は人々を導く宗教指導者の打倒と人々の慣習的な生活様式の克服を必要とする。V・S・ナイポール〔訳注4〕は、インドの民族解放から三〇年経った後に書いた論考の中で、解放者が民衆の宗教に対して取っていた態度を見事に表現している。

ヒンドゥー教は（…）われわれを一千年の敗北と停滞にさらしてきた。それは人びとに他の人間との契約の観念も国家の観念も与えなかった。人口の四分の一を奴隷化し全体をいつもばらばらな攻撃を受けやすい状態に放置してきた。その隠遁の哲学は人びとを知的に矮小化させ、挑戦に対応する備えを忘れさせた。それは成長の息をとめた。(10)

民族解放は、対照的に、世俗化や近代化や発展を志向する信条である。それは、批判者たちが言うように、「西洋的な」信条であり、解放されんとしている民族にとってはまったく新しい何かである。実際に、新しさとは解放者が繰り返し唱える呪文（mantra）である。彼らは抑圧された民衆に新たな始まり、新たな政治、新たな文化、新たな経済を提供する。彼らは新たな人々を創造しようとする。ダヴィド・ベン＝グリオン〔訳注5〕は次のように述べる。「エレッツ・イスラエル［イスラエルの地］の労働者はガルート［離散中］の状態にあるユダヤ人労働者とは違う。（…）［彼は］古い伝統に接ぎ木された枝ではなく、新しい木なのである」――ベン＝グリオンの目には、文字通り新しい種類のユダヤ人と映るのだ。(11) 同様に、フランツ・ファノン〔訳注6〕も次のように語る。「新しい種類のアルジェリア人が存在している。（…）アルジェリア革命の力は、今や、アルジェリア人の間に作り出された根本的変異の中に存在している」(12)。われわれはこのすべてが意味することをアメリカの歴史から理解することができる。ラルフ・ワルド・エマーソン〔訳注7〕や彼の同時代人が「アメリカン・ニューネス」と呼んだものは旧世界の専制と伝統からの脱却を通じて獲得された。アメリカ史においては、古代イスラエルの歴史においてと同じように、新しきものの勝利は政治的運動よりは地理的

〔訳注4〕V・S・ナイポール Vidiadhar Surajprasad Naipaul（1932- ） インド生まれのイギリスの作家。オックスフォードで学び、BBCの仕事をした後、作家に転ずる。『自由の国で』でブッカー賞受賞。ノンフィクションに『インド――傷ついた文明』。二〇〇一年にノーベル文学賞受賞。

〔訳注5〕ダヴィド・ベン＝グリオン David Ben-Gurion（1886-1973） イスラエルの政治家。イスラエル独立の父と見なされる人物。出生はポーランドだが、一九〇六年にパレスチナへ移住し、社会主義シオニズム政党ポアレイ・ツィヨンの指導者として活躍。第一次大戦勃発の際にニューヨークへ亡命し、シオニスト労働党を組織する。一九一八年、パレスチナに戻り、二一年から三三年にはマパイ（エレツ・イスラエル労働党）書記長を勤めている。三五年には世界シオニスト機構委員長となり、四八年のイスラエル建国と同時に首相兼国防相に就任。一時政界から引退するものの（五三～五五年）、六三年の辞任まで首相の座にあった。ユダヤ人のイスラエルへの定住を目指し、アラブ諸国に対しては強硬派であった。

〔訳注6〕フランツ・ファノン Frantz Fanon（1925-1961） 仏領マルティニーク生まれの黒人の精神科医、革命理論家。白人社会で生きる黒人の内的矛盾を描いた『黒い皮膚・白い仮面』（一九五二年）で注目を集め、その後も『革命の社会学』（一九五九年）や『地に呪われたる者』（一九六一年）といった作品を発表。第三世界革命の理論や、後のポスト・コロニアル批評にも多大な影響を及ぼした。一九五七年よりFLNに加わり、機関紙の論説委員や、臨時政府のガーナ大使を勤めたが、白血病により死去。

〔訳注7〕ラルフ・ワルド・エマーソン Ralph Waldo Emerson（1803-82） アメリカの思想家、作家、詩人で無教会派の先導者。イギリスでカーライルやワーズワースらと交わり、帰国後に個人主義を唱え、アメリカ文化の独自性を主張した。

な移動を必要とした。実際、アメリカの経験はルイス・ハーツ〔訳注8〕をして「真に成功した唯一の革命とは（…）移住である(13)」と言わしめた。しかし、たとえ新しい始まりが古い場所で起こるのだとしても、新規開始という同一の感覚は民族解放のすべての事例においてそこにある。

もちろん、この新しさは抵抗に遭遇する。それは今までずっとそうであったようなやり方への頑固な忠誠として始まるが、すぐにそれはイデオロギー性を帯び、したがってまた新しくもなる。原理主義と超正統派〔訳注9〕は両方とも近代的な変革の試みに対する近代的な反応である。「新しきすべてのものはトーラー〔訳注10〕によって禁じられている」というユダヤ教超正統派のスローガンはそれ自体が新しい考えである。そのような考え方は離散への歴史的な順応を不可能にしていたことだろう(14)。ユダヤ人が生き残るためには活発な適応性や新しい考えに対する即応性が必要だった。しかし、このスローガンは離散を終わらせる試みに抵抗する際に都合がよい。民族解放の新しさに対する抵抗の似たような事例はインドにおいてもアルジェリアにおいてもまた見出すことができる。より驚くべきことは政治的独立の達成の後にこのような抵抗が再浮上したことであり、その時、新たな装いをまとい、自らを近代化した伝統的宗教の擁護者たちは反革命的な政治の構築を始めたのだった。

説明が図式的になりすぎるのを避けるために、私は今や具体的な話をするか、少なくとも私が話していることの簡潔な事例を説明するべきだろう。私はアルジェリアの例から始めることにするが、それはこの例がいくつかの点において私が扱う三つの事例の中で特異性を示すものだからだ。第一に、アルジェリアにおけるフランスの抑圧はインドやパレスチナにおけるイギリスのそれよりも遥かに残酷なものだった。そして、それは民族解放戦線内部での武力抗争の残酷性やFLNによるヨーロッパ人居住者に対するテロ活動（テロリズムの支持者はインドにおいてはわずかであったし、シオニストのなかではとるに足りない少数派だった）や、FLNによる独立後の権威主義にそのまま反映されている。第二に、アルジェリアにおける世俗的解放へのコミットメントは、フランツ・ファノンのような熱烈な代弁者が存在するものの、私が扱う他の事例よりもおそらく弱かった。FLNの最も知られた指導者たちは、政治的コミットメントの上では、事実、世俗的でありマルクス主義者であり、あるいは少なくとも社会主義者であった。しかし、一九五四年にカイロのラジオで読み上げられた運動の初期のマニフェストは「イスラームの諸原理の枠内での、民主的かつ社会的なアルジェリア主権国家」を要求した。(15) FLNの中にはこの枠組みを重要視した人々がいた――そしてまた彼らは独立後ただちにそれが実行されることを要求した。しかし、初期においては、FLNの活動家たちはイスラームの原理にほとんど関心を見せなかった。主にFLN内部とそのベルベル人〔訳注11〕指導者たちによって作られた一九五六年のスンマム綱領は運動目標の記述からイスラームの原理を実際に排除していた。「民主的、社会的な共和国の形でのアルジェリア国家の誕生――そして王政、神政の復古の否定」。しかし一年後には、カイロにおいて「民主的、社会的で、イスラームの原理に矛盾しないアルジェリア共和国の創設」を謳う新しい文書とともに妥協案が形成された。(16)

いずれにせよFLNの指導者たちはあまりイスラームの原理を学ぼうとはしなかった。フランスの監獄にいた頃、

〔訳注8〕ルイス・ハーツ Louis Hartz（1919-1986）　アメリカの政治学者。コンセンサス学派の代表的人物。ロック的な「自由主義」を中心に米国史を描く。ウォルツァーをはじめ多くの政治思想史研究者が彼から影響を受けた。

〔訳注9〕超正統派 ultra-Orthodoxy　ユダヤ教徒の中で最も宗教的に厳格なグループを指す。メシア思想を共有はしているが、メシア来臨は人為的な努力によるものではあり得ないと考えるため、国家建設を目指すシオニズム運動には批判的であった。

〔訳注10〕トーラー Torah　一般的には「律法」と和訳され、ヤハウェとの契約遵守のためにモーセを通してユダヤの民に授けられた命令・法のことを指す。狭義にはモーセ五書、広義にはヘブライ語聖書（旧約聖書）全体がトーラーと呼ばれる。

〔訳注11〕ベルベル人 Berbers　モロッコ、アルジェリア、チュニジア、リビア、エジプトにかけて居住するベルベル語を話す人々の総称。FLNが国民を形成しようとするにあたって、「ベルベル主義者」はイスラームによる文化的な画一化に抵抗していた。

将来のアルジェリア初代大統領となるアフマド・ベン・ベラ[訳注12]はパリの出版社であるマスペロから出ていた左派の刊行物を読み、レーニン、サルトル、マルロー[訳注13]の著作を研究した。独立の後、彼は「イスラーム社会主義」と自称するものを主張したが、それはムスリムの批判者が主張したように、イスラーム的というよりは社会主義的であった。大統領の主要顧問たちはトロツキストたちだった。FLNの主要な知識人の一人であり、テロリズムの擁護者であったラムダーネ・アバーネ[訳注14]は五年間を監獄で過ごし（一九五〇―五五年）、そこで「マルクス、レーニン――そして『我が闘争』にいたるまで革命研究に貪欲に取り組んだ」。彼はすでにバカロレアを取得していた。彼はすべての書物をフランス語で読んでいたに違いない。FLNの活動家の多く、そしてさらに多くの知識人はフランス語話者だった。アルジェリア共和国臨時政府の創設は当時のFLNの代表だったファラハート・アッバース[訳注15]によってフランス語で宣言された[17]。FLNのメンバーは間違いなく献身的なアルジェリアのナショナリストだった。「私たちがあなたの言葉を学んでいるのは、あなたと一緒になるためではなくて、あなたに反対するためなんだ」。ある（フランス語で執筆していた）アルジェリアの小説家によって書かれた小説の登場人物はそう言う[18]。同時に、これらのナショナリストの多くは文化的にはフランス贔屓であり、あるいは、よりはっきり言うならばおそらく、ヨーロッパ贔屓であった。オシン・アイト・アフマド[訳注16]というベルベル人でベン・ベラとともに「ヌフ・イストリーク（*neuf historiques*）」、つまり歴史的な九人と呼ばれたFLNの創設者たちの一人は監獄時代に英文学に集中した。ベン・ベラやアイト・アフマドのような活動家は外国支配を終わらせることを目指したが、彼らは驚くほどに外国文化に精通していた。

アルジェリア・ウラマー協会[訳注17]に集まった有力なムスリム学者たちは特に都市部における多くのアルジェリア人によるヨーロッパ文化の熱心な受容を批判し、アルジェリアの学校におけるアラビア語の独占的使用を要求した。この協会は一九八〇年代と一九九〇年代におけるイスラームの復活の前兆となるものだった――その活動家たちは一九七〇年代後半に文化相を務めたモステファ・ラシュラフ[訳注18]という古参のFLNのメンバーによって推進されていた二ヶ国語

〔訳注12〕アフマド・ベン・ベラ Ahmed Ben Bella（1918-2012）　第二次大戦後にフランスから帰国し、ＰＰＡ‐ＭＡＴＬＤ（アルジェリア人民党・民主的自由の勝利のための運動）に加わる。五八年九月にアルジェリア共和国臨時政府（ＧＰＲＡ）が成立し、ベン・ベラは獄中にいながら副首相となる。六二年に釈放され、同年七月にアルジェリアが独立し、首相（のちに大統領）となる。独裁的権力を振るって社会主義的な政治を目指したが、軍部クーデターのために一五年間の自宅軟禁後、八一年にフランスに亡命。九〇年に帰国した後は穏健なイスラーム志向を主張した。

〔訳注13〕アンドレ・マルロー André Malraux（1901-76）　フランスの小説家、美術批評家、冒険家、レジスタンス、政治家。二三歳の時に考古学研究のためにインドネシアに行き、多数の彫像を発見し、さらには現地の革命主義者たちを援助する。その後も中国国民党やスペイン内乱の人民戦線、反ナチス抵抗運動などに参加し、そこからヒントを得た作品を多数発表。ド・ゴール臨時政府情報相、ついでフランス国民連合の宣伝部長に就任するが、戦後は直接の政治活動から離れ、芸術美学論などを発表した。

〔訳注14〕ラムダーネ・アバーネ Ramdane Abane（1920-57）　ファノンに近いアルジェリアの政治活動家で「革命の設計者」と呼ばれたが、個人崇拝に走ったとしてＦＬＮに殺害される。

〔訳注15〕ファラハート・アッバース Ferhat Abbas（1899-1985）　アルジェリア独立運動期におけるモダニスト、世俗主義者。アルジェリア・ウラマー協会とは対立し、当初はフランスへの同化を主張した。しかし、五六年、独立派が多数になる中でＦＬＮに合流しアルジェリア臨時政府の首班となった。

〔訳注16〕オシン・アイト・アフマド Hocine Aït Ahmed（1926-）　アルジェリア民族運動の指導者、政治家。ＦＬＮの創設以来の幹部であったが、アルジェリア独立後の一九六二年からは一党独裁のベン・ベラ政権に反対し、六三年に政治的多元主義を唱えるＦＦＳを設立。翌年には逮捕され死刑を宣告されたが、二年後に脱獄、スイスへ亡命した。八八年の大規模な反政府暴動にあわせ帰国したが、九二年の大統領暗殺事件を機に再び亡命。以後、アルジェリアへの帰国、亡命を繰り返している。

〔訳注17〕アルジェリア・ウラマー協会 Association of Algerian Ulama　一九三一年にフランス政府に無許可で設立された、イスラーム改革運動のための組織。スローガンとして「イスラームはわが宗教、アラビア語はわが言葉、アルジェリアはわが祖国」を掲げる。当初はＦＬＮを支持していたが、六二年の新政府設立時にイスラームをイデオロギーとして採用することを要望し、かえって新政府から解散を命じられてしまう。六四年には抗議声明が発表されたが、やがて協会内の多数派は政府のイスラーム的社会主義路線に同調し、結局協会は解散することとなった。

主義に猛反対した。クリフォード・ギアツ〔訳注19〕がモロッコにおける類似した改革派グループについて書いているように、「かれらは反体制派ムスリムであった。（…）堂々たる中世的な異教徒軽蔑観に、近代的な特徴である抑え難い羨望と防衛的な自尊心を忍ばせたムスリムなのである」(19)。しかし、ウラマーは近代的なナショナリズムの政治を作り出すことができず、彼らは代わりにムスリムの「穏健派」から抵抗を受けることになった。穏健派はイスラーム家族法の実施の許可や、ささやかながらであってもムスリム独自の生活感覚への譲歩をするようフランスに対して働きかけはしたが、フランスによる支配自体には違和感を覚えなかった。アルジェリアにおけるムスリムの役人は従属の政治に完全に加担していた。スンマム綱領は軽蔑を込めて彼らを「植民地行政によって飼い馴らされ、選抜され、俸給を受け取っている」と言い表した。これらの役人はＦＬＮの活動家たちにとってはより直接的な敵であったが、彼らの政治的活動目標は、ファノンの著作からも明らかなように、フランスによる支配を終わらせるだけでなく植民地的なメンタリティとアルジェリアの過去を克服することをも含んでいた(20)。

　ＦＬＮのラディカリズムは、その運動の過程のなかで女性に与えられた顕著な役割を説明するのに役立つ。もっとも、それは指導者としての役割ではなく——それはその後の状況を予知させるような〔指導者の地位に女性がいないという意味の〕〔訳注20〕不在なのだが——現場における軍事的（そしてテロリスト的）活動での役割である。シオニストの活動家、とりわけハガナーというシオニスト運動の軍事組織における女性の役割と比べてみるといい。（インド国民会議は軍事組織を持たなかった。しかし比較のために、会議の政治的、社会的運動が初めて「数万の中産階級の女性たちを（…）公的活動に動員した」というネルーの自慢を確認だけはしておこう(21)。）ＦＬＮにおいて女性を前面に出すということはフランス人抑圧者を侮辱するためではなかった。それはアルジェリアの宗教的伝統による内的な抑圧に向けられたものだった。ファノンは、誇らしげにこのことを中心的なテーマにしている。「男性活動家は女性活動家を発見し、彼らは手に手を取り合ってアルジェリア社会に新しい次元を創造しつつある」。またこうも言う。「アルジェリア人民の自由は

（…）［いまや］女性の解放、歴史への女性の参加と同一のものとなる」。さらにはこうも言う。「［運動のなかで］女は男の単なる補完物であることをやめた。実際、彼女は、自分自身の力で自分を大地にしばりつけていた根を引き抜いたといえるだろう」(22)。

このような束縛からの解放はしばらくの間は素晴らしい成功を収めた。しかし、今日のアルジェリアの政治が示しているように、それは結局の所は失敗した。アリステア・ホーン〔訳注21〕は一九七七年にアルジェリア戦争についての歴史書の中で次のように書いていた。「残念ながら戦いの熱気のなかで［女性たちに］出された約束手形はまだ完全には決済されていない」(23)。今となっては、彼女らは一切その約束を履行されなかったと言っても差し支えないであろう。今日のアルジェリアにおけるイスラームの政治的地位については論争がありうるが、その文化的権威はＦＬＮの活動家たちが「解放」の五〇年後にそうなっているだろうと予測していたのよりも間違いなく大きなものだろう。また、今日

〔訳注18〕モステファ・ラシュラフ Mostefa Lacheraf（1917-2007）アルジェリアの歴史家、政治家。大使などを歴任後、ブーメディエン政権に教育相（ウォルツァーは文化相としているがおそらく誤り）として入閣。ウォルツァーが説明しているように彼が提唱した二ヶ国語主義は猛烈な反対にあったため、彼は辞職を余儀なくされた。

〔訳注19〕クリフォード・ギアツ Clifford Geertz（1926-2006）アメリカの文化人類学者。五〇年代にはインドネシアのジャワ島とバリ島で、六〇年代にはモロッコでフィールドワークを行う。文化を「意味と象徴の秩序づけられた体系」と定義し、象徴に記された意味を紐解くべきとする解釈人類学を提唱した。

〔訳注20〕ハガナー Haganah ヘブライ語で「防衛」を意味する。ユダヤ人社会をアラブの襲撃から守るために一九二〇年に編成された地下軍事組織で、イスラエル独立にともなって解散し、イスラエル国防軍（ＩＤＦ）の中核となった。

〔訳注21〕アリステア・ホーン Alistair Horne（1925- ）近現代フランス史を専門とするイギリス人歴史家。ここで言及されている『サハラの砂、オーレスの石』はアルジェリア戦争史の決定版と言われているが、資料の関係からフランス側の記述が詳細すぎるとの批判もある。

のアルジェリアにおける女性の社会的地位は、またもや論争があるところだが、一九五〇年代に同じ活動家たちが彼らの「姉妹たち」に約束したものと比べると平等とは遥かにかけ離れているだろう。ＦＬＮは未完の革命であった。甦ったイスラームは反革命であった。

　実を言うと、革命的フェミニズムからの後退は、ホーンが示唆するように、一九六二年のＦＬＮの勝利の後すぐに始まった。そして、そのことは一九八四年に採択された家族法典によって強化された。それは解放闘争の元女性活動家が大勢で激しく抵抗したにも拘らずなされたことだった――その中には、アルジェの戦いの際、カフェに爆弾を仕掛けようとしてフランスに捕まり拷問されたジャミラ・ブーヒルド〔訳注22〕も含まれていた。彼女は解放闘争の英雄であったが（念のために言っておくが、私にとっての英雄だということを言っているのではない）、彼女は解放後のＦＬＮにおいて政治的な力を持たなかった。新しい法はアルジェリアの女性たちが夫や制度化された一夫多妻制に従うことを法的義務とし、慰謝料の請求を完全に放棄しない限り妻に対しては離婚する権利を認めなかった[24]。しかし、一九九〇年代にアルジェリアを恐怖に陥れたイスラームの狂信者たちはさらに多くの制限を女性の日々の生活に課した――それは服装、移動、雇用に及んだ。イスラーム救国戦線〔訳注23〕（ＦＩＳ）の創設者で指導者であるイマーム・アリ・ベルハジ〔訳注24〕は女性は家庭で蟄居すべきだと訴えた。彼女たちは「法に定める条件以外では」家を出ることが許されない。二〇〇三年に発表されたある記事の中でザヒア・スマイール・サルヒー〔訳注25〕は書いている。「ハラスメントは容赦なく、耐えられない。それは一人で住んでいたり職場でベールを被ることを拒否したりする女性にとっては特にそうだ」。あるＦＩＳのパンフレットは「ユダヤの言葉である『解放』という言葉を使ってお前たちの祖先のイスラーム的価値を攻撃すること」を慎むように女性たちに対して警告している[25]。パンフレットの著者は解放という言葉がＦＬＮ初期のラディカリストたちの中心的概念だったことを忘れているようだ。

　インドの民族解放プログラムにおいても解放〔という言葉〕が中心にあったが、そのためにはヒンドゥー教徒とムスリム両方の宗教的文化及び社会的実践に対する直接攻撃が必要だった。インド憲法の論議がなされている最中、ラジクマリ・アムリット・カウル〔訳注26〕という全インド女性会議の創設者の一人は、憲法起草会議に対して宗教的自由の条項がパルダ〔訳注27〕、幼児結婚、一夫多妻制、不平等な相続法、カースト間結婚の禁止、寺院への少女たちの奉献といった宗教的に神聖化された「悪」を「一掃」することを要求した。(26) ネルーの初代内閣において保健相になったカウルはシャー

〔訳注22〕ジャミラ・ブーヒルド Djamila Bouhired（1935?- ）　アルジェリア独立戦争時に活躍したＦＬＮの女性活動家。爆弾運びや女性活動家の勧誘などを行っていたが、五七年に逮捕され、六二年まで仏のランスで拘留。植民地解放運動のヒロインとして世界的に取り上げられ、その裁判は注目を集めた。八一年の家族法改正法案に関して政府を批判した。

〔訳注23〕イスラーム救国戦線ＦＩＳ　アルジェリア最大のイスラーム主義組織。一九八九年二月に既存の四つの組織が結集して設立され、同年九月には内務省によって政党の認可を受ける。九一年一二月の国会議員選挙で多数派となりＦＩＳ政権が成立するかに思われたが、翌九二年一月に軍のクーデターが発生し、三月には宗教に基盤を置く政党であることを理由にＦＩＳは非合法化された。しかし、これを契機にテロ活動が活発化し、多くの死傷者を出すこととなった。

〔訳注24〕イマーム・アリ・ベルハジ Imam Ali Belhadj（1956- ）　アルジェリアの活動家、説教者。高校の教員を経てＦＩＳの創設に尽力。現在も幹部としてＦＩＳに在職。

〔訳注25〕ザヒア・スマイール・サルヒー Salhi, Zahia Smail　英国リーズ大学アラブ・中東研究科上級講師を経て、マンチェスター大学教授。古典から現代までのアラブ文学、およびジェンダー研究が専門。編著に『中東・北アフリカにおけるジェンダー：イスラーム社会のダイナミズムと多様性』など。

〔訳注26〕ラジクマリ・アムリット・カウル Rajkumari Amrit Kaur（1889-1964）　女性社会活動家、政治家。若い頃からガンディーに傾倒し、塩の行進にも参加する。やがて全インド女性会議の創設者の一人となり、その代表者として、一九四五年と四六年にはＵＮＥＳＣＯ会議にも参加する。インド独立後は政治家として活動し、女性や子供の権利の擁護、並びにスポーツの振興などに尽力した。

〔訳注27〕パルダ parda　ペルシア語で「カーテン、幕」を意味し、南アジアにおける女性隔離の規範や慣習を指す。ただし、イスラー

ボーン女学校ドーセット校とオックスフォード大学で教育を受けていた。彼女は多くの面において近代西洋人の女性であり、同時にインドのナショナリストであり初期のフェミニストであった。言うまでもないことだが、一九五〇年代に採択された新しい民法はそれらの多くを違法化したものの、それらの悪はただちに一掃されたわけではない。

フランス語を話し、かつフランス贔屓でもあるアルジェリアの活動家は珍しくはなかった。同様に、一八八五年に集結しインド国民会議を創設した諸組織は英語を話し、イギリス贔屓でもある法律家、ジャーナリスト、役人によって占められていた。解放の立役者たちは抑圧の立役者たち（マルクスによるインドについての有名な記事によれば、「アジアにおける最大の、そしてじつのところ唯一の社会革命」[27]を生み出した人々）と多くのものを共有していた。解放運動家たちは——物質的にも、知的にも、軍事的にも——より「進歩した」文化を体現することを一般的に標榜していた抑圧者たちとしばしば同じ学校に通っていた。エジプトにおけるモーセが典型的な例である。彼はファラオの宮殿で育てられ、彼が後に導くようになった人々よりも間違いなくエジプトのエリートのほうに親近感を抱いていた。ジクムント・フロイトはモーセは事実上、エジプト人だったと主張している。彼の生まれがどんなものであったにせよ、彼は文化的にはエジプトの人間であった。[28]

宗主国において抑圧者たちの文化のなかで解放者が修練されることは民族解放の歴史における共通のテーマである。ネルーはイギリスの学校で八年を過ごし（ハロー校、ケンブリッジ大学トリニティーカレッジ、法曹院）、若い頃はインドの歴史と政治よりもイギリスの歴史と政治により親しんでいたことだろう。晩年、彼はアメリカ大使のジョン・ケネス・ガルブレイスに[訳注28]「私はインドを統治する最後のイギリス人です」と語っていた。[29] B・R・アンベードカル[訳注29]という不可触賤民（ダリット）の法律家でネルー内閣の初の法相となった人物はコロンビア大学とロンドン・スクール・オブ・エコノミクスで修士号と博士号を取っていた。彼はまたグレイ法曹院で司法試験の勉強もしていた。インド共産党の指導者たちの中には、イギリスで教育を受け、植民地的な関係性の皮肉な再生産とも言えるが、モスクワと親密な繋がりを持つ活動家を抱えていたグレートブリテン共産党を経由してコミンテルンから指示を受けていた者もいた。(30)

『ユダヤ人国家』の著者であるテオドール・ヘルツル〔訳注30〕はもう一人のまったく典型的なナショナリストの指導者だった。オーストリアで非常に良い教育を受けたがユダヤ的な教育はそれほど受けなかったために、彼は自民族よりも他民族についてはるかに多くのことを知っていたし、国家を既に持つ人々と親しくしていたのでユダヤ国家の理念も当然のことであると考えていた。イスラエルの初代大統領であるハイム・ヴァイツマン〔訳注31〕はドイツの大学で学び、マン

ムとヒンドゥーのどちらにも女性隔離の慣習は確認されており、パルダという言葉は一般的にその全体を意味する。

〔訳注28〕ジョン・ケネス・ガルブレイス John Kenneth Galbraith (1908-2006) アメリカの経済学者。『ゆたかな社会』が有名。一九四九年よりハーバード大学教授に就任したが、大学外での活動も多く。ジョン・F・ケネディの顧問を務めている。なお、駐インド大使となったのは一九六一〜六三年である。

〔訳注29〕B・R・アンベードカル Bhimrao Ramji Ambedkar (1891-1956) インドの政治家で憲法の草案作成者。不可触賤民階級の地位向上に尽力し、人びとをヒンドゥー教から仏教へ改宗させた。

〔訳注30〕テオドール・ヘルツル Theodor Herzl (1860-1904) オーストリアのユダヤ人ジャーナリストであり、シオニズム運動の創始者。ドレフュス事件でユダヤ人排斥問題に目覚め、『ユダヤ人国家 (*Der Judenstaat*)』(一八九六年) を著す。ユダヤ人問題を民族的・政治的問題として捉え、一八九七年にはバーゼルで第一回世界シオニスト会議を開催する。パレスチナの土地を入手すべくオスマン帝国やイギリスなどと交渉したが望んだ成果は得られず、シオニスト内部での意見対立の中、没した。

〔訳注31〕ハイム・ヴァイツマン Chaim Weizmann (1874-1952) ベラルーシ生まれのユダヤ人でイスラエルの政治家、化学者。ベルリン大学とフライブルク大学で化学を修めている。また、講師としてはジュネーブ大学で化学を、マンチェスター大学で生化学を教えた。A・J・バルフォアから「バルフォア宣言」(一九一七年) を得て、精力的にシオニズム運動を指導し、一九四八年にイスラエルが建国されると初代大統領となるが、在職中に没した。

チェスター大学で研究者、講師としての職を得、そこで政治的にはイギリス贔屓となった。

　フランツ・ファノンは医学と精神医学の教育をフランスで受け、そこで文学と哲学も学んだ。FLNの他の指導者や知識人はフランスの学校には行かなかったが、彼らのうちのほとんどがアルジェリアでフランスのリセに通い、（ファノンも含む）多くがフランス軍や自由フランス軍に仕えた――これもある種の教育であると言えるだろう。ベン・ベラもフランスの最高の軍事勲章を受け、シャルル・ド・ゴール自身から両頬にキスされる栄誉に浴している。

　被抑圧者の指導者は帝国主義国における対抗イデオロギーに同化することがしばしば見受けられる――例えば、FLNのメンバーにとってのマルクス主義、ネルーやインド国民会議にとってのフェビアン社会主義（ウィンストン・チャーチルはネルーを共産主義者と呼んだが、それは単純に間違っている）がそうだし、あるいはシオニスト運動からイスラエル〔建国後〕三〇年にわたって有力政党であったマパイ[訳注32]及びダヴィド・ベン＝グリオンにとっての東欧社会民主主義といったものもそうだろう。しかし、例えばイギリスにおいてある教説があくまで対抗的性質を持つものであるということはインドでは理解されなかった。ここでもまた、民族解放の活動家たちは彼らが語りかけようとしていた民衆にとって非常に馴染みの薄い思想の持ち主であった。

　活動家たちは民衆に何を伝えることができるだろうか。彼らはこう言うことができる。民衆が抑圧されているのは彼らが遅れていて、消極的で、迷信と無知にとらわれていて、（ネルーをまた引用すると）「近代科学の合理性に触れておらず」、抑圧の共犯者である迎合主義者にもっぱら導かれているからだ。活動家たちは新しさの希望を掲げ、それを近代的なイデオロギーによって肉付けする――ナショナリズム、リベラリズム、社会主義、またはこれら三つのどれかの組み合わせなどがそうだ。彼らは啓蒙、科学的知識、物質的進歩、しかしおそらくはより重要なこととして抑圧者に対する勝利と世界における平等な地位を約束する。彼らはとりわけ若者（彼ら自身が若いのが普通だ）に訴えかけ、しばしば家族や友だちやすべての既存の権威からの根本的な離脱を呼びかける。彼らは運動への完全なコミットメントか、ことによると自己充足的な共同体（例えばシオニストにとってのキブツ[訳注33]やガンディーにとっての村落共同体 village cooperative のような）への下放を要求する。古いやり方は否定され乗り越えられなければならない——完全に。しかし、古いやり方で生きている人々の多くは、古いやり方を大切にしているのだ。それこそが解放の逆説である。

Ⅱ

それでも、解放者たちは勝利する。彼らは自民族を支配する外国支配者に対する純粋にナショナルな闘争を先導する。疑いなく、民衆は自分たちを支配する者たちの文化や政治に対して民族解放運動家よりもずっと好感を持っていないし、ひとたび活動家のリーダーが勝利は可能だと示してしまえば解放のイデオロギーを共有しない多くの人々までもがおかまいなく闘争に加わるのだ。伝統的な政治的、宗教的指導者は脇に追いやられ、もしくは彼らは撤退し（消極性こそが彼らのやり方である）、あるいは自らの周縁的な役割を受け入れつつ解放者と歩を同じくする。このような図式的な物語の例外はモーハンダース・ガンディーであり、彼は伝統主義が有する消極性を政治的近代兵器に転換させるのに成功した。このような人物はシオニズムの歴史には見つからないし、ＦＬＮの歴史やその周辺においても見つからない——あるいは私の知っている他のいかなる民族解放運動においてもそうだ。ガンディーがヒンドゥー教

〔訳注32〕マパイ Mapai　かつてイスラエルに存在した中道左派政党。イスラエル独立後、長らく与党であり続けた。

〔訳注33〕キブツ Kibbutz　ヘブライ語で「集団」を意味する、イスラエル独特の農村共同体。ロシアや東欧から移住してきたシオニストの社会主義的な思想に基づき、生産と生活を集団で行う。一九〇九年にデガニアに建設されたのが初のキブツであり、後には工業や観光産業等を導入した。

の信仰や儀礼に公然と反対することがあったとしても、彼は他の民族解放運動の指導者たちにとってはほとんど馴染みのない宗教的な言葉づかいで民衆に語りかけた。例えば一九三四年には、彼はビハール〔訳注34〕における地震は不可触賤民制度という罪に対する神の罰であると示唆した。ネルーは後に不可触賤民を廃絶する憲法の起草を手伝うことになるのだが、このような発言を「非常に信じがたい」と思った。彼はこう記した。「科学的な物の見方に対してこれ以上に反対する発言は想像しがたい」。ネルー記念図書館の創設者であり初代館長であるB・R・ナンダ〔訳注35〕という人物が報告するところでは、時々、「ジャワハルラール〔ネルー〕にとってガンディーは「中世カトリックの聖人」のように思われた」[31]。このことからネルーが政治的判断を行う際にどのような文化的枠組みを用いていたかが窺い知れる（ガンディーをより土着的に語ることは明らかに可能だった）。この二人はなんとか力を合わせることができはしたが、世俗的で近代主義的なネルーに政治の実権を継承させることをガンディーが認めるということが彼らの協働のためには不可欠だった。

それでも、世俗主義者や近代主義者はガンディーが独立後のインドにおける宗教的ナショナリズムを驚くほど強めたと非難する。例えばV・S・ナイポールはこう書いている。

今日インドで演じられている劇は、六〇年以上も前［ガンディーが］（…）上演した劇である。（…）ガンディーはインドに固有の政治を編み出した。彼は太古の宗教感情を喚起した。彼はそれらをして相互に助け合わせ覚醒を実現した。しかし独立インドにおいてそうした覚醒の要素は相互に否定し合っている。いかなる政府もガンディー的幻想のうえに生き延びることができない。精神主義は、ガンディーが一種の国家的な主張に変えた非征服民の気休めでしかなく、それはいっそう顕著に酸敗して従来どおりの虚無主義と化している[32]。

この非難は一九七〇年代終わりに書かれた。最近のインドの左派知識人はガンディーの遺物について更に酷評している。彼らの議論については本書の第三章で立ち戻ることにする。

イスラエルとアルジェリアでは、民族解放から宗教の復活への転換はガンディー的な人物の媒介を経ずに行われた――ということはつまり、インドにおけるガンディーの役割は彼の批判者が思っているほど中心的ではなかったということになる。もしも彼が解放運動を勇気付け指導することがなかったとしても、おそらくヒンドゥトヴァ〔訳注36〕というヒンドゥーのイデオロギーはインドの政治において強力な存在感を持っていることだろう。しかし、解放運動の物語は彼や彼のような人間なしでは語ることが難しい。私は他の解放運動の指導者が宗教的な言葉づかいで語ることを好んでいなかったと言いたいのではない。シオニストの著作家たちは聖書に登場する聖地を引き合いに出しがちである。「離散の民の結集」への彼らの希望はメシア到来への期待の世俗的な形のものだった。アルジェリアでFLNの最初の機関誌は『アル・ムジャヒド』と呼ばれており（ファノンにとっては恥ずかしいことである。彼が読者に語ったところによれば、この言葉は「元々は」ムスリムの聖戦士（holy warrior）を意味したが、今ではただの「闘争者（fighter）」を意味

〔訳注34〕ビハール Bihar　インド北東に位置する州。州都はパトナ（古都パータリプトラ）。

〔訳注35〕バール・ラーム・ナンダ Bal Ram Nanda（1917-2010）　近現代インド史研究の第一人者。ネルー記念図書館は一九六四年、当時首相であったネルーの死後に政府の要請を受けたナンダにより記念博物館と共に創立され、インド独立史関係の膨大な史料が保存されている。

〔訳注36〕ヒンドゥトヴァ Hindutva　ヒンドゥー・ナショナリズムの核となる概念で、インドの文化的ナショナリズム、脱植民地化、カースト差別と不可触賤民への反対、ヒンドゥー教徒の権益擁護などが含意されている。ヴィナヤック・ダモダル・サーヴァルカルが一九二三年にこの概念を提唱して以来、ガンディー、ネルーらの潮流であるインド国民議会派に反対する右派によってこの概念は支持されている。

するに過ぎない）、ＦＬＮの旗は緑と白であった——緑はイスラームの伝統的な色である。(33) アラブ人とベルベル人が結束して同化政策を拒否したのは、ジョン・ダン〔訳注37〕が『現代革命の系譜』において書いたところによれば、「植民地占領という圧力下でイスラームという共通のきずながあったおかげである」。(34) 確かに、イスラームは現地のアルジェリア人とヨーロッパの植民者たちを明確に区別していた。ギアツはこう書いている。「植民地エリートが、唯一つだけ、そうなろうなどと思いよりもせず、またどちらとも言えない少数事例を除けば、進んでそうなることができなかったのは、ムスリムになることであった」。(35) アルジェリアの活動家たちは「イスラームの原理」の尊重を主張した——例えばＦＬＮ内や、可能な限り人民全体の間での飲酒の禁止である。それでも、活動家たちの戦略や戦術も長期的な政治的アジェンダも自民族の宗教によって大きく影響を受けはしなかった。シオニストでさえもが救済のための国家（redemptive state）ではなく「普通の」国家を目標とした。ガンディーは例外中の例外である。

では、何が起こったのだろうか。伝統主義者は打ち負かされたか周縁化されたかのように思われた。彼らが解放のオーラをまとうことはなかった。彼らは新国家の立憲制度、経済、教育制度の形成にあまり影響を持たなかった。彼らが新しい政治的エリートの中で頭角を現すことはなかった。アルジェリアにおいては話がより複雑である。そこではＦＬＮの中で出現しつつあった政治的権威主義が（多くの指導的な活動家たちによって反対されはしたが）、早いうちに勝利した。ベン・ベラの極左政権はたった三年しか続かず、より伝統色の濃い軍事独裁によって取って代わられた。一九六五年にベン・ベラを打ち倒したフワーリー・ブーメディエン〔訳注38〕は間違いなくフランス贔屓ではなかった。彼はアルジェリアのムスリム学校で学び、カイロのアル＝アズハル大学〔訳注39〕で一年学んだ。(36) しかし彼が最も尊敬した政治指導者はカストロとティトーだった。彼は常にＦＬＮの公約であった社会主義経済を運営し、（女性の地位についてなど）社会的には保守的ではあっても次世代のアルジェリアのムスリムにとっては完全に世俗的に映るような政治形態を維持した。それでは、政治的イスラームは、そして政治的ヒンドゥー主義と政治的ユダヤ主義はいかにして解放の新世界において維持され、あるいは作り出されたのだろうか。

私が扱っているそれぞれの事例においてストーリーは異なるが、また共通した特徴もある。ここでの私の関心から遠いものもあるが、それらも十分な因果的説明をするためにはおそらく必要である。インド国民会議、マパイ、FLNといった政府与党の活動家たちは、建国の初期段階においては無敵状態だったが、現状への自己満足と倦怠感に駆られた。さらに、彼らの直々の後継者たちはしばしば日和見主義者で、解放よりも権力やその報酬に関心を持った。なるほど確かに、政治的腐敗は宗教の復活とほぼ同じタイミングで始まったかのようだった――しかも、信仰復興論者たちは（少なくとも彼らが権力につくまでは）熱意にあふれていただけでなく高潔であった。しかし、自己満足にふけり怠惰なインド国民会議でも、例えば、J・P・ナーラーヤン〔訳注40〕やアショーカ・メータ〔訳注41〕のようなより左翼的な解放運

〔訳注37〕ジョン・ダン John Dunn（1940-）イギリスの政治学者。クェンティン・スキナーやジョン・ポーコックらとともに政治思想史研究におけるケンブリッジ学派の代表的研究者とされる。

〔訳注38〕フワーリー・ブーメディエン Houari Boumediene（1932-1978）一九五六年からアルジェリア独立戦争に参加、国民解放軍（ALN）の軍指揮官として活躍し、アルジェリア独立後は国防相となった。六五年のクーデターで革命評議会議長、第二代大統領に就任し、石油天然ガス資源の国有化、重工業化、計画経済を柱とする社会主義経済を展開した。

〔訳注39〕アル＝アズハル大学 El Azhar University 九八八年にファーティマ朝下で設立された世界最古の大学の一つ。イスラーム・スンナ派の最高教育機関としても有名。

〔訳注40〕J・P・ナーラーヤン Jayaprakash Narayan（1902-1979）インドの政治家。国民会議派に対抗し結成された社会党の初代書記長。同党を労農人民党と合体させ人民社会党を設立するが、五四年からは政界から退き社会民主主義運動の中枢に位置し、人民社会党の象徴となった。

〔訳注41〕アショーカ・メータ Asoka Mehta（1911-1984）インドの政治活動家。ナーラーヤンと共に社会党、人民社会党を創立し、ネルー政府に批判的であった。しかし六〇年代に入ると国民会議派に接近し、六六年にはインド計画相となった。

動家と対決することになったとわれわれは思うかもしれない。[37] 初めのうちは社会党がインドの権力闘争における主な対抗勢力になるかのように思われはしたが、おそらくインド国民会議が統治に行き詰まったのと同じ理由で、野党として自らを確立することに失敗した。両者の衰退の決め手となったのはヒンドゥー教の活動家たちであった。イスラエルとアルジェリアでも左派の反対派は宗教的ナショナリストや熱狂者たちに取って代わられた。なぜか。

三つのすべての国において、解放とその後の期間において宗教は日常生活の中で力を持ち続けていた。ナショナリストの指導者はしばしば彼らの喫緊の政治的目的のために宗教が利用可能であると考えていた。それは新国家における反植民地主義闘争の一体性の維持のためである。少数の活動家たちはボルシェビキ的なやり口で宗教に対して攻撃を加えたがったかもしれないが、新しい支配者たちにはそうする勇気はなかった。おそらくロシアの事例は徹底的な世俗主義に対する十分な警告となったのかもしれない。いずれにせよ、彼らは衰退こそがすべての宗教の運命だと信じていた。ネルーが「科学的な物の見方」と呼んだものが勝利すると思われていた。世俗化は過激な強制を要求せず、不可避の歴史的趨勢であった以上、宗教との一時的な折り合いが必要だと思われた。ネルーは『インドの発見』においてこう書いた。「あるヒンドゥー教徒はヴェーダの時代に還れといい、イスラームの神権政治を夢みているムスリムもいる。馬鹿げた空想である。けだし、過去への復帰などありえないことだからである。(…) 時間にはただ一方通行あるのみである」[38]。歴史家のエフド・ルズ〔訳注42〕が書くように、シオニストの見通しも驚くほど似ていた。「近代的生活のニーズと矛盾するという理由で遅かれ早かれユダヤ教が舞台から姿を消す運命にあるという仮説はシオニストのほぼすべての知識人によって受け入れられていた」[39]。

このことは、社会科学者や政治的活動家らと同様、われわれ皆が当時、そしてその後長年の間多かれ少なかれ信じていたことである。つまり、われわれのほとんど全員が信じていたことだった。インドネシアとアラブ世界双方におけるナショナリズム運動の研究者であり、そのイスラーム研究を私が引用しておいたクリフォード・ギアツは別の考えを持っていた。一九六〇年代初頭の新しいインドネシア国家のバリ島における宗教について書いた中で、彼は「現代の唯物論的観念」によって宗教的信仰は無力化されるかもしれないがおそらくそうはならないだろうと主張した。というのも、「これらの全体的な流れは——すべてが妄想に過ぎなかったと判明でもしないかぎり——われわれが思っているほどの影響を受けることなく、人々のあいだに深く根ざしている文化の総体にまで手をつけないことが多い」からだ。彼はさらに論を進め、「現在バリにおいて、世界史の宗教上の根本的変容を引き起こしたのと同様なある種の社会的知的活動が少なくとも始まっているように思われる」と示唆した(40)。他の場所においても民族解放の風は、あるいはひょっとしたら嵐かもしれないが、旧来の社会や新国家を吹き抜けながらも活動家たちが期待したよりは「幾分小さな影響」しか及ぼさなかった。そして彼らの眼前で、しかし彼らの眼にはとらえられることなく、最終的に宗教の復活に結実することになったプロセスがすでに始まっていた。

旧来の慣習は寺院、シナゴーグ、モスクの中で維持され、それだけでなくおそらくさらに重要なことには対人関係、家族、人生の節目節目を祝う行事の中でも維持され続けた。しかし、近代化という大プロジェクトに熱心に取り組んでいた世俗的な活動家たちにはそのように維持されている様態がほとんど見えなかった。実際のところ、来たるべき宗教の復活は普通の人々が慣習的な行いを続ける中で感じた憤りによって刺激された。それは世俗化と近代化を担うエリートたちに対して、彼らの異質な思想に対して、彼らの恩着せがましい態度に対して、そして彼らの推進する大プロジェクトに対して向けられた憤りである。宗教の復活がよりいっそう刺激されたのは、慣習的生活に対抗する新しいエリートたちによる撲滅運動の中でその行使を余儀なくされた権威主義的、ないしは家父長主義的な政策によってであった。権威主義はエリートにとってやむにやまれなかったというよりは進んで受け入れられたのだと言い

〔訳注42〕エフド・ルズ Ehud Luz（1940?-）ユダヤ思想研究者。イスラエル初のリベラル・アーツ・カレッジであるシャレム大学教授。

たい人もいるだろう。近代の理念は、ネルー式の世俗主義の批判者であるアシシュ・ナンディ〔訳注43〕が書くところでは、その唱道者たちに対して「あたかもそれが当然だと言わんばかりに、国家権力の必要以上の行使」をさせた。(41)

ブーメディエン下のアルジェリア国家の権威主義は特にひどかった。実は、解放以前のFLNの政治は既に残忍であり、FLNとメサーリー・ハージュ〔訳注44〕のアルジェリア民族運動（FLNの多くの指導者が政治的訓練を積んだ場である）との間で全面的な内戦へと至った——そして、それによって一万人ほどのアルジェリア人が戦死した。(42)対照的に、インド国民会議と労働シオニズムは民主主義にコミットし、国内の緊張関係に対して大部分は非暴力的なやり方で対処した。しかし、これらの運動の指導者たちでさえ政治権力を行使する際には、後進的でしばしば反抗的な国民にとって最善のことを自分たちは知っているのだという確信を持ってあたった。

かくして後進性が甦ることになった——そして解放運動家たちが（アルジェリアにおいてでさえ一九八九年から一九九一年までの短期間）作り上げた民主主義こそがその復活の主な手段だった。政治理論家のラジーヴ・バルガヴァ〔訳注45〕はこう言っている。「［インドにおける］リベラル・デモクラシーの現在の危機は、大部分がそれ自体の成功に原因がある」。以前は消極的で発言力を持たなかった宗教的な人々が、「民族運動を率いた少数の上位層」を「遥かに超える」数でもって、新たに作られた公共領域に参入してきた。民主的な政治は「民俗宗教的な（ethno-religious）政治的動員」を促進し、動員された人々は「明白に自由主義的、ないしは民主主義的な特徴を持った文化的な背景の出身者」ではなかった。(43)

しかし、これらの人々や彼らが支持した政治家が甦らせたのは従来の後進性ではなかった。宗教は今や、私がすでに示唆したように、戦闘的で、イデオロギー的で、政治化された形で姿を現した——その反近代主義ですらも近代的な形をとったのである。その唱道者たちは古来の伝統、父祖たちの信仰を体現し、その純粋で真正な見解を代弁してさえいるということを標榜した。古さというのが彼らが繰り返し唱える呪文だった。また、そのような主張が誤っていたとしても、古さの感覚こそが、少なくとも部分的には、彼らの綱領が持つ魅力の要因であるに違いない。彼らは解放された人民を彼ら自身の過去と結びつけ、目まぐるしく変化する世界において人民に帰属と安定の感覚を与えた。旧来の傲慢な抑圧者が姿を消したので、唱道者たちは見分けやすくお手頃でさえある「他者」を恐怖や憎しみの対象として仕立て上げもした――彼らは解放以来うまくいかなくなったことすべての責任を被せられかねなかった。「他者」とはある時には敵対宗教の構成員であり、またある時には「西洋化」を支持する左翼、世俗主義者、異端者、異教徒であった――彼らはわれわれの中に巣食う裏切り者と呼ばれた。

しかし、インド、イスラエル、アルジェリアの新しさはどうなったのだろうか。新しい人々、一人ひとりが平等であり、正しく、堂々として、賢明である人々はどこにいったのか。私はその疑問に対してどのように答えればよいのか分からない。そのような人々は多く存在する――民族解放は少数の上位層を超え広がった――しかし、それはどの地でも解放運動家が期待した数には程遠かった。解放の文化は明らかに貧弱すぎて、これらの人々を支え、再生産さ

〔訳注43〕アシシュ・ナンディ Ashis Nandy（1937-） インドの政治・社会学者、臨床心理学者。ヨーロッパ植民地主義や世俗主義、核武装、コスモポリタニズムなどに関する研究を行い、二〇〇七年にはアジアの文化の保存と創造に関する功績を顕彰する福岡アジア文化賞を受賞。

〔訳注44〕アフメド・ベン・メサーリー・ハージュ Ahmed Ben Messali Hadj（1898-1974） アルジェリアの政治家。共産主義に共鳴し、独立戦争以前から平和的手段によるアルジェリアの独立を目的とした結社・結党を数回行い独立運動の主導権を握った。独立戦争勃発後は武力による独立を志向したＦＬＮに対抗しアルジェリア民族運動（ＭＮＡ）を結成するが、一九五六年のＦＬＮ側の攻撃から両者は内戦状態となった。六〇年にはＭＮＡの敗北が明白となり、独立運動の主導権はＦＬＮが握ることとなった。

〔訳注45〕ラジーヴ・バルガヴァ Rajeev Bhargava（1954-） インドの政治理論家。デリーの発展途上社会研究センター（ＣＳＤＳ）の前所長（二〇〇七―二〇一三）。

せる力を持たなかった。過去の徹底的な拒絶によって、いわば、文化を築く材料がほとんど残らなかったのである。解放者たちは熱心に新しい休日、新しい英雄、新しい記念行事を作りあげ、歌舞音曲を編み、小説や詩作を行った（フランス革命の新しい暦、新古典主義の復古、祝宴や式典と比べて見るといい）。しばらくの間は、十分な数の人々がこれらのすべてに参画していたように見えたので、新しい始まりを信じることがほぼ可能だった。しかし、その新しさはあまりにも人工的で、あまりにも急ごしらえのものだった。そのため数世代の後には英雄はオーラを失い、記念行事は魅力を失った。若者は離れていき、グローバルなポップ・カルチャーに興奮するか、信仰の復興に熱狂していった。ポップ・カルチャーの求心力は間違いなく年輩の民族解放運動家たちにとっては残念なことだ。しかし、彼らにとって最も残念なこと、最も驚くべきことはヒンドゥトヴァ、メシア的シオニズム、ユダヤ教超正統派、イスラーム過激派のイデオロギーに多くの若者が引き込まれていったことである。彼らは驚いて当然ではないだろうか。ファノンが賞賛した束縛からの解放を進んで行った女性たちの娘たちは嬉々として宗教信仰に戻っている。その信仰は――少なくとも世俗的な見方からすれば――以前にもまして女性蔑視的なものだ。これは信じられないことではないだろうか。

私は何だかんだ言っても想定可能だと思う。これはまさに社会科学によって説明されうる、あるいは少なくとも理解されうると主張される類のものだ。マルクス主義の著作家は科学的な説明に固執するが、その際に宗教的信仰復興論がもたらしうる物質的利害はどの社会階級に帰属するのかを突き止めようとする。最近の「現代インドにおける左派言説」の研究が明らかにするのは様々な著作家がヒンドゥトヴァの台頭の原因を小ブルジョア（古典的なマルクス主義が想定していた犯人）、そして富裕農、貧農、ルンペン・プロレタリアート、都市労働者、古くからのブラフマン、そして新しい資本家たちに求めていることである。私は左翼系雑誌の『エコノミック＆ポリティカル・ウィークリー』で一九九三年に掲載された絶望感に満ちたコメントにいくらか共感を覚える。「イデオロギーをその物質的土台に還元することにどのような分析上の困難があったとしても、そのような認識論的関係を（…）想定しない限り、われわれには政治的に脆弱な不可知論しかなくなってしまう」。しかし、そのような還元はうまくいかないか、より洗練させる必要があるかのどちらかである。二年後、同じ著者が同じ雑誌の中で書いたことには、ヒンドゥトヴァは「物質的利害を保護する手段であるのみでなく、（…）何よりも、代替的な価値や規範によってのみ対抗されうる価値、態度、行動規範なのである」[44]。

この認知こそが理解の始まりなのだと私には思われる。私は物質的土台の特定をあきらめるつもりはない。V・P・ヴァルマ〔訳注46〕がヒンドゥー教復興論の中心的目的であると言うもの、つまり「社会の機能的組織化［を必要とする］というヴェーダの原理の再興」[45]から最も利益を得る可能性が強い人々を探す点においてマルクス主義の著作家は正しい。その人々とは、家族、地域共同体、国家などのあらゆる所にいる旧来のエリート、上位のカースト、新しい資本家、家父長のことだ――彼らは明らかに受益者である。それでも、かの古くからの宗教が社会的階層の上部でも下部でも生き残ってきたということが信仰復興論の大衆的な魅力であったことを認めることが必要である。そのような魅力がなかったら宗教的信仰の復活はブラフマンや資本家や家父長たちには何の益もなかったであろう。信仰の復活に対して代替的な価値と規範を当てがうことはあまり容易ではない。無からそれを成し遂げることはほとんど不可能に思われる。

しかし、おそらく民族解放の活動家たちは、すべての革命家たちと同じように、文化の根本的な否定――アンベードカルの言葉では、「社会秩序としての（…）バラモン教の完全な破壊」――を主張しなければならなかった。そう

〔訳注46〕ヴィシュワナート・プラサド・ヴァルマ Vishwanath Prasad Varma（1923-）インドの政治学者。主著は*Modern Indian Political Thought*（1961）.

した後、根本的な新しさを主張しなければならなかった。[46] おそらくそれは彼らの綱領にとって本質的か必要な性格だった。何年も前になるが、私がイングランドにおけるピューリタン革命について書いていた頃、一六四三年の庶民院においてあらゆる場所の革命家に共通する感情を表現している説教を見つけた。「古い枠組の上に建てぬように注意せよ」と説教者は議員たちに言った。「それは完全に取り壊されなければならない。取り壊した後、できた穴を塗り固めるように注意せよ」。[47] 問題は、そのような徹底的な破壊行為はその家屋に住んでいる人々にとって魅力がないということなのだ。たとえ不快感を認識し、不平を言っていたとしても、彼らは今の家屋に愛着を持ちすぎている。多分、必要なのは部分的な取り壊しと残った部分のリフォームだけなのかもしれない——残さなければならない部分とは価値と規範である。

実際、民族解放運動においては、旧来の文化に対する全般的な攻撃ではなく、そのような文化に〔内在した上で〕批判的な関わり合いを目指した知識人たちがいた。もし彼らが勝利していたとすればストーリーは違ったものになっていたかもしれないと私は思いたい。解放者は民族の過去の少なくとも一部とは和合し、新しくもあるが馴染みもある思想や実践を形成し、宗教の復活という過激思想を回避することができたかもしれない。おそらくそうである。私はそのようなことを主張したい。しかし、最善なのは懐疑主義から始めることである。そのような取り組みは不可能だと主張し、弁証法に期待を寄せる評論家もいる。最初に急進的な世俗主義による宗教排除の政策が、次に戦闘的な信仰復興の政策がとられ、そして、オックスフォード英語辞典にあるように、「両者を包含する高次の真理において（…）矛盾が融合する」。しかし、弁証法はかつて機能していたようには機能しなくなっているように思われる。私には来るべきジンテーゼの兆候があまり見えない。インド、イスラエル、アルジェリアにおいて——そしておそらく他の場所においても——解放運動家が勝利したと思い込んだ闘争はいまだ決着がついていない。世俗的な解放運動が打倒されたことはないが、予期されなかった方法と強度で挑戦を受けている。闘争は長い間続くだろうし、その結果はそもそもの始まりの頃と同様に不透明である。古代イスラエル人のように、近代の活動家たちは約束の地に到達したと思い込んだのだが、気づけば彼らは荷物と一緒にエジプトも運んできてしまっただけなのだ。

【注】

（1）Albert Memmi, *The Liberation of the Jew*, trans. Judy Hyun（New York: Viking Press, 1973）, p. 297〔菊池昌實・白井成雄・宇田豪訳『イスラエルの神話――ユダヤ人問題に出口はあるか』新評論、一九八三年、三九一頁〕. また次も参照。Mitchell Cohen, "The Zionism of Albert Memmi," *Midstream*（November 1978）, pp. 55-59.

（2）その一つの典型的な主張については次を参照。James C. Scott, *Domination and the Arts of Resistance: Hidden Transcripts*（New Haven: Yale University Press, 1990）.

（3）あらゆる形態のイデオロギー的な迎合に対する解放運動家たちの嫌悪は以後の章において説明される。戦闘的な宗教的信仰復興論者たちもこの嫌悪を共有していた――例えば、M・S・ゴールワルカールによるヒンドゥー人の「従順性」についての次の論考を参照。*Hindu Nationalism: A Reader*, ed. Christophe Jaffrelot（Princeton, N.J.: Princeton University Press, 2007）, p. 136.

（4）Karuna Mantena, "Gandhi's Realism: Means and Ends in Politics"（unpublished manuscript, 2014）.

（5）*Exodus* 5:19. エジプトからの脱出の後でさえ人々は躊躇していたし、恐怖していた。私の *Exodus and Revolution*（New York: Basic Books, 1985）, chap. 2〔荒井章三訳『出エジプト記と解放の政治学』新教出版社、一九八七年、第二章〕を参照。

（6）暗殺者の直接的な動機は、彼が後に語ったところによれば、ガンディーが「ムスリムに媚を売り続けたこと」であった。Ramachandra Guha, *India after Gandhi: The History of the World's Largest Democracy*（New York: HarperCollins, 2007）, p. 38〔佐藤宏訳『インド現代史：一九四七―二〇〇七（上）』明石書店、二〇一二年、六二頁〕を参照。

（7）*Webster's New Collegiate Dictionary*（Springfield, Mass.: G. & C. Merriam, 1980）の "nationalism" を参照のこと。

（8）Jawaharlal Nehru, *The Discovery of India*（New Delhi: Penguin Books, 2004）, p. 569〔辻直四郎・飯塚浩二・蠟山芳郎訳『インドの発見（下）』岩波書店、一九五六年、七一五―七一六頁〕.

（9）ユダヤの歴史からの事例については、Gershom Scholem, *The Messianic Idea in Judaism and Other Essays on Jewish Spirituality*

（New York: Schocken, 1971）, chap. 1〔高尾利数訳「ユダヤ教におけるメシア的理念の理解のために」『ユダヤ主義の本質』河出書房新社、一九七二年、五—五九頁〕を参照。ショーレムは政治的な迎合の一形態としてのユダヤ・メシア主義についての典型的な説明を行っている。

（10）V. S. Naipaul, *India: A Wounded Civilization*（New York: Vintage, 1973）, p. 43〔工藤昭雄訳『インド——傷ついた文明』岩波書店、二〇〇二年、六二頁〕.

（11）Amnon Rubinstein, *The Zionist Dream Revisited: from Herzl to Gusb Emunim and Back*（New York: Shocken, 1984）, p. 30. ベン＝グリオンはこれを一九三六年に書いた。彼ののちの意見については彼の "A New Jew Arises in Israel," *Jerusalem Post*, May 13, 1958を見よ。また次も参照。Oz Almog, *The Sabra: The Creation of the New Jew*, trans. Haim Watzman（Berkeley: University of California Press, 2000）.

（12）Franz Fanon, *Studies in a Dying Colonialism*, trans. Haakon Chevalier（New York: Monthly Review Press, 1965）, pp. 30, 32〔宮ヶ谷徳三・花輪莞爾・海老坂武訳『革命の社会学：フランツ・ファノン著作集（二）』みすず書房、一九六九年、一一、一三頁〕.

（13）Louis Hartz, "The Nature of Revolution," *Society*（May-June 2005）, p. 57. これは一九六八年の二月に開かれた上院外交委員会におけるハーツの証言のテキストである。このテキストにはポール・ローゼンによる解説が付いている。

（14）この格言はモーゼス・ゾーファーという一九世紀の指導的な正統派のラビによるものである。

（15）マニフェストのテキストについては、Alistair Horne, *A Savage War of Peace: Algeria, 1954-1962*（New York: Viking Press, 1977）, pp. 94-95〔北村美都穂訳『サハラの砂、オーレスの石——アルジェリア独立革命史』第三書館、一九九四年、八〇頁〕を参照。そこではイスラーム教の原理は述べられていない。

（16）"Platforme de la Soummam pour Assurer le Triomphe de la Révolution Algérienne dans la Lutte pour L'Indépendence Nationale," p. 4. このテキストはインターネット上で見ることができる。カイロでの妥協案についてはRicardo Rene Laremont, *Islam and the Politics of Resistance in Algeria, 1783-1992*（Trenton, N.J.: Africa World Press, 2000）, p. 119を参照のこと。

（17）Horne, *Savage War of Peace*, pp. 469, 133, 316〔『サハラの砂、オーレスの石』四九五、一二〇、三二八頁〕.

（18）Mourad Bourbonne, *Les Monts des Genets*（1962）, quoted in Horne, *Savage War of Peace*, p. 61〔『サハラの砂、オーレスの石』四六頁〕. ジャン＝ポール・サルトルがファノンについて触れた一節と比較せよ。「《フランス語圏の》一人の元原住民が、フランス語を新たな必要に従わせ、これを用いてただ植民地原住民にのみ呼びかけている」。これは完全に間違っている。ファノンはフランスの左翼に向かって語りかけていたのであり、そこにこそ彼は自身の主な読者と賞賛者を持っていた。Franz Fanon, *The Wretched of the Earth*, trans. Constance Farrington（New York: Grove Press, 1963）, p. 9（preface）〔ジャン＝ポール・サルトル「序」、フランツ・ファノン（鈴木道彦・浦野衣子訳）『地に呪われたる者――フランツ・ファノン著作集（三）』みすず書房、一九六九年、七頁〕.

（19）Clifford Geertz, *Islam Observed: Religious Development in Morocco and Indonesia*（Chicago: University of Chicago Press, 1971）, p. 65〔林武訳『二つのイスラーム社会：モロッコとインドネシア』岩波新書、一九七三年、一〇八頁〕; Laremont, *Islam and the Politics of Resistance*, p. 188.

（20）"Platforme de la Soummam," p. 24. 一八三〇年代以来のフランス支配に対する（いくらか誇張された）ムスリムによる抵抗の説明と、それについて書かなかったファノンに対する批評については、Fouzi Slisli, "Islam: The Elephant in Fanon's *The Wretched of the Earth*," *Critique: Critical Middle Eastern Studies* 17:1（Spring 2008）, pp. 97-108を参照。また、B. G. Martin, *Muslim Brotherhoods in 19th Century Africa*（Cambridge: Cambridge University Press, 1976）, chap. 2と比較せよ。

（21）Nehru, *Discovery of India*, p. 261〔辻直四郎・飯塚浩二・蠟山芳郎訳『インドの発見（上）』岩波書店、一九五三年、三二六頁〕.

（22）Fanon, *Studies in a Dying Colonialism*, pp. 59n14, 107, 108〔『革命の社会学』一六二、七九頁〕. 最後の引用については、*Savage War of Peace*, p. 402におけるホーンの翻訳を採用した〔『サハラの砂、オーレスの石』四二三―四二四頁〕。

（23）Horne, *Savage War of Peace*, p. 403〔『サハラの砂、オーレスの石』四二四頁〕.

（24）Martin Evans and John Philips, *Algeria: Anger of the Dispossessed*（New Haven: Yale University Press, 2007）, pp. 126-38. ファノンの約束と比べてみよ。「民族〈解放〉闘争によって、顛倒され、問い直されているのはこうした［女性の生に対する］すべての束縛である」。*Studies in a Dying Colonialism*, p. 107〔『革命の社会学』七九頁〕.

（25）Laremont, *Islam and the Politics of Resistance*, p. 206; Zahia Smail Salhi, "Algerian Women, Citizenship, and the 'Family Code,'" *Gender and Development* 11:3（November 2003）, p. 33（SalhiとFISのパンフレット）.

（26）Gary Jeffrey Jacobsohn, *The Wheel of Law: India's Secularism in Comparative Context*（Princeton, N.J.: Princeton University Press, 2003）, p. 95.

(27) Shlomo Avineri, ed. *Karl Marx on Colonialism and Modernization* (Garden City, N.Y.: Anchor Books, 1969), p. 93〔村岡晋一・小須田健・吉田達訳「イギリスのインド支配」『マルクス・コレクション（六）』筑摩書房、二〇〇五年、一二一頁〕.

(28) Sigmund Freud, *Moses and the Monotheism* (New York: Vintage, 2010; originally published in 1939)〔渡辺哲夫訳「モーセという男と一神教」『フロイト全集（二二）』岩波書店、二〇〇七年、一―一七三頁〕.

(29) B. R. Nanda, *Jawaharlal Nehru: Rebel and Statesman* (Delhi: Oxford University Press, 1995), p. 263.

(30) M. R. Masani *The Communist Party in India: A Short History* (New York: Macmillan, 1954), pp. 24-25.

(31) Nanda, *Nehru*, p. 32.

(32) Naipaul, *India*, p. 159〔『インド』二一〇―二一一頁〕.

(33) Horne, *Savage War of Peace*, p. 133〔『サハラの砂、オーレスの石』一二三頁〕; Fanon, *Studies in a Dying Colonialism*, p. 160n11〔邦訳では該当箇所なし〕.

(34) John Dunn, *Modern Revolutions: An Introduction to an Analysis of a Political Phenomenon* (Cambridge: Cambridge University Press, 1972), p. 161〔宮島直機監訳『現代革命の系譜――その比較社会学的研究序説』中央大学出版部、一九七八年、一五九頁〕.

(35) Geertz, *Islam Observed*, p. 64〔『二つのイスラーム社会』一〇七頁〕.

(36) Horne, *Savage War of Peace*, p. 327〔『サハラの砂、オーレスの石』三四〇頁〕.

(37) インド国民会議に対する左派の反抗がどのようなものだったかを知るには、次を参照。Asoka Mehta "Democracy in the New Nations," *Dissent* 7 (Summer 1960), pp. 271-78.

(38) Nehru, *Discovery of India*, p. 579〔『インドの発見（下）』七二八頁〕.

(39) Ehud Luz, *Parallels Meet: Religion and Nationalism in the Early Zionist Movement (1882-1904)*, trans. Lenn J. Schramm (Philadelphia: Jewish Publication Society, 1988), p. 287.

(40) Clifford Geertz, *The Interpretation of Cultures* (New York: Basic Books, 1973), p. 189〔吉田禎吾・柳川啓一・中牧弘允・板橋作美訳『文化の解釈学（一）』岩波現代選書、一九八七年、三二一頁〕.

(41) Ashis Nandy, "The Twilight of Certitudes: Secularism, Hindu Nationalism, and Other Masks of Deculturation," *Alternatives: Global, Local, Political* 22:2 (April-June 1997), p. 163.

（42）Laremont, *Islam and the Politics of Resistance*, p. 112.

（43）Rajeev Bhargava, *The Promise of India's Secular Democracy*（New Delhi: Oxford University Press, 2010）, pp. 253, 261. アシシュ・ナンディの見解と比べてみよ。「これは民主化それ自体がインドの嵐のような政治の世俗化に制限を課したということの別の言い方である」。"An Anti-secularist Manifesto," *India International Centre Quarterly* 22:1（Spring 1995）, p. 42.

（44）Devesh Vijay, *Writing Politics: Left Discourses in Contemporary India*（Mumbai: Popular Prakashan, 2004）, pp. 157, 158. 引用されている著者はK・バラゴパルである。

（45）Jacobsohn, *Wheel of Law*, p. 235.

（46）G. Aloysius, *Nationalism without a Nation in India*（New Delhi: Oxford University Press, 1998）, p. 208.

（47）Michael Walzer, *The Revolution of the Saints*（Cambridge, Mass.: Harvard University Press, 1965）, p. 177.

第二章　逆説の例証——シオニズム対ユダヤ教

I

シオニズムは、二〇世紀における民族解放のサクセス・ストーリーの一つである。シオニズム第一世代の指導者たちは、ユダヤ人であれ、非ユダヤ人であれ、現実主義的にものを考える全世界のほぼすべての人にとって実現不可能だと思われた「ユダヤ人問題」への解答を提示し、それを実現したのが次の世代である。ヨーロッパのユダヤ人の大半にとって、その実現は遅すぎたのであり、ユダヤ人の歴史上最大級の破局によって曇らされたのである。それでも、シオニズムは、テオドール・ヘルツルが立てた達成し得ないかに思われた目標を、彼が必要な期間として想定した五〇年の間に達成した。

歴史的観点からすると、イスラエルは、その民族が、そう言ってよければ、首尾よく解放されたインドやアルジェリアよりもいっそう驚くべき事例である。離散のさなかで生まれたシオニズム運動は、人口の大半がアラブ人であり、オスマン・トルコとイギリスによって植民地化されていた、ヘルツルが言うところの「古くて新しい土地」に主権国家を樹立することに成功した。ほぼ二〇〇〇年間不可能だったユダヤ人の民族自決は、今日では所与の事実である。では、なぜこのストーリーはイスラエル建国によって終わらないのか。独立したあとの物語は、すべてが「シオニズム後の問題」である。今や語られるべきなのはパレスチナの民族解放である。

しかし、シオニストの勝利は、上述の簡単な物語が述べるところよりも複雑なものであり、その複雑さは、インド国民会議やアルジェリアのＦＬＮの勝利に比肩する。シオニズムは全面的に成功したわけではない。その解放運動のプロジェクトはまだ完了していないのである。私が第一章で民族解放の逆説と呼んだものには、ユダヤ人特有の形態が存在する。本章のテーマはそれである。

シオニズムの「創始者」の一団が現在のイスラエルに亡霊となって甦り、シオニズム運動の歴史について議論している会議を想像してみよう。最初期の移民であるビルー〔訳注1〕の数人が出席している。アハド・ハアム〔訳注2〕の支持者である文化的シオニストも議論に参加している。ヘルツル信奉者や政治的シオニズムの代表者も間違いなく出席しており、ハイム・ヴァイツマンの民主派から派遣された人々もいる。後に支配的グループとなった、初期の社会主義者である第二移民以来の労働シオニストが大きな存在感を発揮している。ミズラヒム〔訳注3〕のラビたち数名、シオニズム・プロジェクトを支持した正統派内少数派の数人も出席している(1)。おそらく、この出席者の大半は、私が思うに、自分たちの希望が完全に叶えられることになるとは考えなかっただろう。今日のそこにある国家〔イスラエル〕は彼らのヴィジョンには合致しないだろう。どんな国家であろうと、どこであろうと、望むのは一つの国家でしかないと繰り返した政治的シオニストでさえ、特殊な国家を念頭に置いていた——だがイスラエルはそのような国家とはまったく異なる。イスラエルはミズラヒムのラビたちが念頭に置いていたような国家でもない。しかしここでは、それ以外の人々の期待と失望に焦点を当てよう。というのも、シオニズムは、その核心部において、そしてそれが大きく伸長した時期において、すぐれて世俗的なプロジェクトだったからである。この事実によって、シオニズムのユダヤ教に対する関係は極めて興味深いものとなる。ここでの狙いはこの関係性を詳細に見ることだが、その際、イスラエルの事例は、インドとアルジェリア——そしてパレスチナ——における民族解放の歴史においても浮き彫りになる内的緊張や矛盾の特殊事例と見なされる。パレスチナの事例もテーマにならざるを得ないが、それは、自前の国家を持つずっと前からすでにパレスチナには、世俗的なナショナリズムと信仰復興の固有の歴史があるからである。

Ⅱ

ユダヤ民族解放のストーリーの出発点は離散状態である。ほぼ二〇〇〇年間、われわれの想像をはるかに超える期間にわたって、国家を持たず分散していたイスラエルの民は、そのような分散無国家状態に順応した宗教・政治文化を発達させてきた。そうした文化が形作られるのにどのくらいの期間を要するのか、私には分からない。われわれはそのような順応行動の徴候を極めて早い時期に見出すことができる——バビロニアの捕囚者に宛てられた前五八七年ごろに書かれたエレミヤの有名な手紙によれば（この預言者はいつも通り神の名において告げている）、「家を建てて住

〔訳注1〕ビールー Bilu'im　一九世紀ロシアに発足したシオニズム団体の一つ。イスラエルの地の開拓を目的とした青年開拓団。
〔訳注2〕アハド・ハアム Ahad Ha'am（1856-1927）　ウクライナ生まれのヘブライ語著作家で、シオニズム思想家。本名はアシェル・ツヴィ・ギンズベルク Asher Tzbhi Ginzberg。伝統的なユダヤ教育を受けて育ち、のちにイギリスに拠点を移した。ヘルツルの政治的シオニズムに対抗して、精神的シオニズムを提唱し、シオニスト会議において検討されていたウガンダ移住案について批判を加えた。後世のシオニストたちに多大な影響を与える評論を残す。
〔訳注3〕ミズラヒム Mizurahim　カフカス・中東以東に住むユダヤ人のこと。東欧系ユダヤ人によって支配されていたという経緯がある。

み、園に果樹を植えてその実を食べなさい（…）わたしが、あなたたちを捕囚として送った町の平安を求め、その町のために主に祈りなさい。その町の平安があってこそ、あなたたちにも平安があるのだから」[2]。しかし、ユダヤ人の状態の原型をなす離散の社会的編成は長い年月を重ねて醸成され、かつ非常に強力である。離散状態はユダヤ人の生活の深層構造である。シオニズムが生まれた一九世紀後半のユダヤ教は、離散の宗教であった。この宗教において、長らく失われていた故国への帰還への憧憬は重要な役割を演じていたが、政治的独立という着想は何の役割も演じていなかった。レオン・ピンスケル〔訳注4〕が『自力解放』で述べたように、ユダヤ人は政治的独立とは何であるかを忘却していたのである[3]。

離散の政治は二つの容貌しか持たない。第一に、ユダヤ人は異教徒の支配に従った。つまり、ユダヤ人は屈従の政治を実践したのである。第二に、ユダヤ人は辛抱強く神の救済を待ち続けた。これはすなわち、ユダヤ人は叶えられないままの希望の政治を実践したということである。実際には、ユダヤ人の政治的経験についてはもっと多くのことを述べることができるが、ユダヤの律法と文学に反映されているのはこの二元論である。ユダヤ人の服従はメシアが到来するまで続くだろうし、メシアの到来は神の手中にある事柄であり、無限に繰り延べされると思われた[4]。この政治（あるいは反政治）が必要とした、屈従と繰り延べという言葉と実践は、ディアスポラ先のそれぞれの状況のもとで、改めて作り直されなければならなかった。しかし、この作り直しは、決して間に合わせのものではなかった。さらに言えば、離散の政治がしぶしぶ受け入れられたと言うことも正しくはないだろう。これは、ユダヤ人自身の目からすれば自然な政治であり、神がユダヤ人に指定した世界史的場所の必然的帰結なのであると一般に考えられていた。

そうだとすれば、離散状態から脱出しようとするあらゆる政治的努力、国家と主権を目指すナショナリズムはどんなものであれ、この神の配剤を拒絶し屈従と繰り延べの文化を捨てた人々の所産にならざるを得ないだろう。しかし、この文化が一九世紀のユダヤ教の核心である以上、シオニズムは、ユダヤ教に敵対する人々の創造物であったし、そうでしかありえなかった。この主張を私は、必要があれば何なりと修正するつもりである。しかし、この主張は、虚飾を排した無修正のかたちであってこそ、シオニズムの死活的に重要な目標、すなわち「離散状態の否定」を説明するのに役立つ。これは離散状態の終焉とは違う。もちろん、シオニストは離散状態に終止符を打とうとはしたが、彼らはそのほとんど全員が、なによりもまず離散状態の文化的体質と慣習、すなわちそのメンタリティを「否定」しなければ、離散状態の終焉は不可能であると考えていた。アルベール・メンミによれば、このようなメンタリティによって「すべてが麻痺し、すくみ、動けなくなっている」のである。(5) 離散状態を脱出するために、異教徒のもとに捕らわれている状態への長期にわたる順応をユダヤ人が克服する必要があった。この順応の名が「ユダヤ教」であった。

離散状態のメンタリティの克服は、ユダヤ人のあいだで支持を得ることができたプロジェクトであった。しかし、最も著名で成功を収めたその推進者たちはたいていの場合、抑圧者の世界に同化し、ユダヤ人を異邦人の目で眺めるようになっていたユダヤ人であった。ヘルツルはまさにこのようなタイプの民族運動指導者であり、ユダヤ人が何であれヨーロッパ的な国家を持つことを望んでいた。「サムエル記(上)」第八巻に登場する長老たちの要求——「今こそ、ほかのすべての国々のように、われわれのために裁きを行う王を立ててください」——を想起させるシオニストのこのような普通の国家という夢は、迫害と恐怖に由来する。しかし、この夢はさらにそのいずれもが離散文化と折り合わない二つの知的源泉をもつ。それは第一に他の民族についての詳細な知識であり、第二に、他の民族の模倣は

〔訳注4〕レオン・ピンスケル Leon Pinsker(1821-1891) ロシア領ポーランド出身のユダヤ人医師、運動家。当時のロシアにおいて横行していたポグロムと反ユダヤ主義に危機感を抱き、『自力解放』を記してユダヤ人国家建設を訴えた。

可能でありかつ望ましいという信念である。実際、ヘルツルはとりわけ女性の地位に関してであるが、最も進歩的なヨーロッパ的理念を模倣した。シオニズム色の濃い彼のユートピア小説『古くて新しい土地』（一九〇二年）では、女性は男性と「平等な権利」を持ち、男性と同じく、二年間の兵役に就く義務を持つ(6)。ヘルツルは、このような平等なあり方を、すべての公的役割から女性を排除する伝統的ユダヤ教に明示的に対置しているわけではない。しかし、これは伝統に対する明白な挑戦である。

ヘルツルや彼の最も著名な知識人支援者であるマックス・ノルダウ〔訳注5〕のような指導者たちは、離散状態の否定について考え直すことも、懸念を覚えることもなかった。というのも、否定されたものの内にも実は価値のあるものが多く含まれているという発想は、彼らの経験からは導き出しえなかったからである。すなわち、彼らは旧来の生き方――ヘルツルが「一〇〇〇年間受け継がれてきた病弊(7)」と呼んだもの――には、好意をほとんど寄せていなかったのである。このことが彼らの力の鍵であったと言ってよい。彼らは一意専心で自らの目標を追求した。

しかし、自分たちが解放しようとしている民衆からこのように距離をとったことが――ヘルツルの場合であればウガンダにまつわるエピソードが示すように――民族解放運動の指導者たちを意気消沈させることもありうる。このエピソードをご存知の方も多いだろうから、それについての議論は簡潔でよいだろう(8)。そもそもの始まりは一九〇三年である。この年、イギリス植民地省は、ウガンダ内の広大な領域に――パレスチナの代わりに――ユダヤ人が入植できるようにすると提案した。ヘルツルはこの提案を受け入れるのに吝かではなかった。この提案は、シオニズム運動が領土を要求する運動として初めて正式に承認されたことを表していた。おそらくヘルツルは、その提案が引き起こす反対についてはほとんど気づいていなかった。よりユダヤの民寄りのシオニズム指導者たちは、即座に、本能的に、これがさらに輪をかけた否定であると察知した。ユダヤ人の状況がどれほど絶望的であろうと（ウガンダをめぐる議論はロシアでのキシナウ・ポグロム〔訳注6〕のすぐ後に生じた）、特殊ユダヤ人的なナショナリズムが対象とすることができたのは、ただ一つの国だけであった。すなわち、イスラエルの地（エレツ・イスラエル）である。その大半がロシア系ユダヤ人であったこのような指導者たちは、イギリスの提案に謝意を示しつつ、それでもそれを拒絶した（これはヘルツルの死後三、四年後に実際そうなったことである）。

イギリス支配下のウガンダへのユダヤ人入植というアイディアは奇妙に聞こえるかもしれないが、急進的すぎると同時に保守的すぎた。このアイディアの急進性は（一定程度の）世俗的シオニストや社会主義シオニストに訴えかけた。このタイプのシオニストは、イスラエルの地という神話が文化変革の作業をいっそう困難にする――あるいはそれを完全に破壊しかねないと危惧していた。この入植案が出される数年前、著名なユダヤ啓蒙の推進者であるフダー・ライプ・レヴィン〔訳注7〕はパレスチナへの入植に反対であることを表明していた（彼はアメリカのほうが良いとした）。「私は正統派について危惧の念を抱いており、ラビを恐れている。古代の偏見が充満したイスラエルの地の空気のせいで、マスキール［啓蒙知識人］は影響力を保持することができなくなるかもしれない[9]」。ヒレル・ツァイトリン〔訳注8〕は、

〔訳注5〕マックス・ノルダウ Max Nordau（1849-1923） ハンガリー出身のシオニスト指導者、医者、哲学者。ヘルツルらとともに世界シオニスト機構を創設。ブダペスト、ベルリン、パリと居を移しつつ新聞記者、通信員として勤める。一時期はユダヤの信仰から離れるものの、一八九四年のドレフュス事件を機にシオニストに転向した。

〔訳注6〕キシナウ・ポグロム Kisinev pogrom 一九〇三年に現在のモルドバ共和国キシナウにおいて発生した大規模な集団的ユダヤ人迫害事件。ポグロムは「破壊・破滅」を意味するロシア語。

〔訳注7〕フダー・ライプ・レヴィン Judah Leib Levin（1844-1925） ミンスク出身のヘブライ・イディッシュ詩人。文筆活動の初期にあたっては詩作が中心であったが後に社会主義に共鳴し、社会主義雑誌をヘブライ語で発行する。一八八一年のポグロムの後にはロシアにおけるユダヤ主義活動を支援し、自らも組織を率いた。

〔訳注8〕ヒレル・ツァイトリン Hillel Zeitlin（1871-1942） 現ベラルーシのマヒリョウ生まれでイディッシュ系ヘブライ語著作家。ユ

ウガンダ論争の間、こうした議論をいっそう強力に展開した――そしてその残響は今日でも聞き取ることができる。「ディアスポラの間われわれに重圧を課したのと同じ伝統が、イスラエルの地では、一〇〇〇倍の重圧をわれわれに課すだろう。それはイスラエルの地がその伝統の故郷だからである。大衆に対するラビの支配は、自由にものを考えるシオニストが望んだようにその地で弱まることはなく、逆にますます強くなり続けるだろう」[10]。ウガンダ（あるいは少なくともウガンダというアイディア）は、新たな始まり、近代的基盤によって立つ民族生活を樹立する機会を提示したのである。

しかし同時に、ウガンダ入植は、もしそれが実現していれば、離散状態とそれに伴う隷属の継続であっただろう。確かに、新たな支配者は旧来の支配者よりも慈悲深かった。イギリス王はロシアのツァーやトルコのスルタンよりもはるかに好ましかった。しかし、イギリス王はダヴィデ王ではない。すなわち、イギリス王はユダヤ人の主権を代表するわけではなかった。これが、ミズラヒムのラビたちがヘルツルの計画を非常に歓迎したことの理由だと思われる。ミズラヒムのラビたちは主権獲得のための挑戦に直面する必要を持たなかったのである[11]。最初期のシオニストの会合の一つ、一八八四年のカトヴィッツ会議において、ルーマニアの正統派代表者は政治的独立に反対した。それは、同時代の世俗的ユダヤ人（ならびに非ユダヤ人）にとっては些細なことに思えるようでいて、しかし実はシオニズムとユダヤ教の衝突の核心に触れているという理由からである。彼によれば、郵便事業、鉄道、電信がなければ、いかなる国家も存立することができず、これらは一週七日間、休日なく昼夜を通して運用されなければならない。「しかし、イスラエルの官吏がモーセの律法にしたがって安息日に業務を休止するならば、他の国家は（…）抗議するだろう。一方、官吏が安息日と祭礼を破ることをわれわれが許可するならば、同胞たちは（…）蹶起してわれわれを打倒するだろう」[12]。他にも多くの例が挙げられる。ガス事業（すぐに電気事業も加わる）のメンテナンス、警察と消防（生命の危険があればこの二つの業務は許されるだろうが、そうでなければ許されないだろう）、病院と診療所の日常業務、ゴミ収集、道路清掃などである。離散先の国では、異教徒たちがこうした必要な業務一切を安息日でもこなしていた。ウガンダでは、イギリス人がそうなるように取り計らう予定だとされていた。敬虔なユダヤ人は、自分たちがそうした業務を行うことをその当時は想像できなかった。ユダヤ人の私生活では、「安息日用の非ユダヤ人（Shabbos goy）」、つまり安息日のユダヤ人に禁止されていた必要な仕事一切をやってくれる異教徒の友人や隣人、召使にユダヤ人は頼っていた――それでは、メシアが到来する前の段階の国家とは、大規模な安息日用の非ユダヤ人に他ならなかったのだろうか。

私には、モーセの律法とユダヤ人国家が両立しない可能性をヘルツルが一度でも懸念したとは思えない。兵隊は兵舎のうちに、ラビはシナゴーグのうちにとどまる国家についての彼の想像上の記述には、律法は含まれていない[13]。政治的観点からすれば、ユダヤ人の聖地観も彼を悩ませたはずだが、彼はウガンダ論争が勃発するまでそのどちらにも注意を払っていなかった。イギリス官僚との彼の話し合いの記録は、彼がウガンダの環境で獲得できるのと同程度の自治であればそれでよいと考えていたことを示している。すなわち、環境それ自体は彼にとってさほど重要ではなかった。しかし聖地は、彼も他のウガンダ移住派も（後にこの派は「領土主義者」と自称した）否定できなかった離散文化の一つの特徴であった。

アハド・ハアム（「人民の一人」の謂――これはアシェル・ギンズベルクのペンネームであった）の支持者である文化的シオニストたちは、ウガンダ計画に反対し、ユダヤ文化とユダヤの教えがヘルツルに欠けていること、――それ以上

ダヤ哲学者について学ぶ傍ら、ニーチェなどの非ユダヤ哲学者の研究にも取り組んだ。前述のキシナウ・ポグロム以降は危機感を強め、ユダヤ人による領土建設について考察するが、第一次大戦後には伝統的ユダヤ主義に回帰する。ナチスのポーランドにおけるユダヤ人粛清の際に拘束され、ワルシャワのゲットーで殺害された。

に、ユダヤ人が感情面で愛着を抱いているものに対する感受性の欠如を鋭く批判した。文化的シオニストは、通常、過去との連続性の必要にこだわった。詩人ハイム・ナフマン・ビアリク〔訳注9〕のようなその中の少数の人々は、離散の否定ではなく離散との批判的な関わり合いを自覚的に目指した。人々を結集させることと同時に、あるいはそれに先立つ必要すらある文化的「結集」を求める彼ビアリクの声は、結局はとられなかった路線を示唆している。私は後段でそれをより良き道として擁護するつもりだ[14]。アハド・ハアム自身は、ユダヤ人の歴史全体を「即刻完全に修正される必要のある長きにわたる一つの過ち」と理解するシオニストの著作家たちを攻撃した。彼は、私信では、シオニズムが「魂の内奥での［ユダヤ教との］潜在的矛盾」を抱えているかもしれないということを認めているものの、一貫して自ら「不敬な背信 [*apikorsut le-hakhis* ——タルムードに由来する言い回し]」と呼んだものを攻撃した[15]。それでも、連続性についての彼自身の観念は選択的なものであり、主として「預言者の道徳」に集中していた。彼の支持者と称賛者の多くの観念は、それよりもいっそう選択的であった。

レオ・モツキン〔訳注10〕によれば、シオニズムは決して「古代文化の直接の継続」ではない。ヨーゼフ・クラウスナー〔訳注11〕は、「たとえシオニズムが意味するのが、無からの創造ではなく何かに新たな装いを与えることであるとしても、それは極めてラディカルなユダヤ人の運動である。（…）それは、ユダヤ人の生活における全面的革命、すなわち、ディアスポラに対する反逆を望む」と論じた。全面的革命、これはユダヤ人の生活と文化にはほぼ存在せず、これらのユダヤ人解放者たちによって分け与えられた文化であった。ハイム・ヴァイツマンについてのアイザイア・バーリン〔訳注12〕のエッセイは、この逆説的なポイントを見事に描き出している。ヴァイツマンは彼の民と一体化していた。バーリンによれば、「彼の言葉は民の言葉であり、民の生活観は彼の生活観であった」。しかし、ヴァイツマンは民を「その中に奴隷の美徳と悪徳を生み出す劣った依存的地位に貶められた半奴隷」と見なしていた。このような状態では、ヴァイツマンの考えでは、「革命——社会の全面的変革——以外に特効薬はない」。モツキンやクラウスナー、そしてヴァイツマンのような人々はおそらく、ジーモン・ベルンフェルト〔訳注13〕にならって、「民族の過去を破壊することによって民族の未来を保証することはできない」ということに同意するだろう。つまり、彼らが破壊しようと欲したものは、依然として、それ以外にも大量にあったのである。(16)

彼らの主要な批判対象は宗教そのものであった――これは、一九四〇年代に執筆された『説教』という短編でハイム・ハザース〔訳注14〕が最も強調した論点である。「シオニズムとユダヤ教は決して同じではなく、しかもこの二つはまった

〔訳注9〕ハイム・ナフマン・ビアリク Hayim Nahman Bialik（1873-1934） ウクライナ生まれのヘブライ語詩人。民族主義的思想の持ち主で、イスラエルの国民的詩人と称される。

〔訳注10〕レオ・モツキン Leo Motzkin（1867-1933） ウクライナ生まれで、ロシアにおける代表的ユダヤ指導者。ユダヤ迫害に対するユダヤ人による自衛の必要性を強く訴える。前述の世界シオニスト機構をはじめ、複数のシオニスト団体において主導的役割を担ったほか、一九一九年のパリ講和会議へのユダヤ代表派遣に際しても尽力する。また、晩年にはドイツにおけるナチスに対しての抵抗運動を組織した。

〔訳注11〕ヨーゼフ・クラウスナー Joseph Klausner（1874-1958） ポーランド出身のユダヤ人歴史学者、著作家。オデッサへ移住した後にシオニズム活動サークルに参加し、テオドール・ヘルツルの知己を得る。一九二九年にはユダヤ人の権利を守るための委員会を設立するなどの活動を展開した。

〔訳注12〕アイザイア・バーリン Isaiah Berlin（1909-1997） ラトヴィア出身のユダヤ人哲学者、政治思想家。イギリス移住後『自由論』を著し、そこで用いられた「消極的自由」と「積極的自由」の区別は二〇世紀後半の政治哲学に多大の影響を及ぼした。

〔訳注13〕ジーモン・ベルンフェルト Jimon Bernfeld（1860-1940） ウクライナ出身のユダヤ系ジャーナリスト。ユダヤ史、ユダヤ文学史の研究にとりくんだ。

〔訳注14〕ハイム・ハザース Haim Hazaz（1898-1973） キエフ出身のヘブライ著作家。ロシア文学やヘブライ文学に親しんで育つ。成年期に遭遇したロシア革命の混乱、およびポグロムの経験は、のちの彼の文筆活動に大きな影響をあたえたとされる。旧世代のユダヤ世界と彼の世代の新しいシオニズム活動の間にあった緊張関係を主題に置いた小説を著した。

く異なっており、直接的に対立し合うことすらありうる。（…）人がもはやユダヤ教徒でいられなくなったとき、人はシオニストになる」[17]。このような急進的な立場には部分的に反対するものの、マルティン・ブーバー〔訳注15〕は、自分が反対するのはユダヤ教の頽廃的で離散的な形態――「屈服した精神と（…）その意味を削ぎ落とされた［押し付けられた］伝統」――に対してのみであると主張した[18]。彼と同じく、多くの文化的シオニストと後の社会主義シオニストは、聖書に描かれたイスラエル、すなわち、彼らが存続することを願っていた王、戦士、預言者の文化を着想のよすがとする傾向があった。しかし、シオニストの著作とプロパガンダに描かれた聖書の英雄たちは、当時のユダヤ人とは鋭く対立するように見えた。そしてその信仰は当時のユダヤ教とはかけ離れていた。聖書の英雄たちの信仰は強い人々を育むものであったが、シオニストの目からすれば、離散の宗教は、政治的消極性と忍従、抵抗も自助もできない奴隷根性を生み出したのである。聖書に立ち返ることは、亀裂、文化の断絶を認めることだった。

シオニズムのテーゼが示している通りであるかの如く、正統派の指導的ラビであったイスラエル・カガン〔訳注16〕は、「自らの民の状態を修繕することはわれわれにできることではない。なぜなら敵に支配されているからだ」と主張した[19]。シオニストの著作家たちはこのような主張を、離散と宗教的忍従の年月によって生み出された、「民族の自尊心と自信、政治的積極性と統一性の欠如」の表れと理解した[20]。しかし、カガンならば、支配は神慮であり、政治的な強さが自尊心の唯一の源だとは限らないと言っただろう。これらの見解の間の裂け目は非常に大きく、連続性を見出すことは容易ではなかった。

シオニストの批判はそれほど教条的ではなく、より直接的だった場合もあった――非常に若い人々が多数を占めていた著作家たちが、離散生活を特徴づけている身体活動や自然的世界から目を背けることを攻撃したのに比べれば、の話であるが。デイヴィッド・ハートマン〔訳注17〕が言うように「世俗的シオニズム」の特徴は、「身体的な力の尊厳を称揚する新たな人間学的モデルへの熱狂的憧憬」であった[21]。もう一つの特徴は、東欧ユダヤ人の「身体的退化」への強烈な嫌悪感であった。実際、青ざめ、猫背で、臆病なユダヤ人という反ユダヤ主義のステレオタイプは、シオニストのステレオタイプでもある。一九〇六年に書かれたヘルツルへの熱狂的な追悼文において、若きゼエヴ・ジャボチンスキー〔訳注18〕は明瞭な実例を示してくれる。彼は、未来のヘブライ人の姿をどのように描き出すべきかと問い——こう答える。

われわれの出発点は、今日の典型的ユダ公を取り上げその正反対の姿を想像することである。(…)ユダ公は醜悪で、病的で、風儀を欠いている。ゆえにわれわれは肉体美を具えたヘブライ人の理想的イメージを与えよう。(…)ユダ公は蹂躙され容易く放逐される。ゆえにヘブライ人は誇り高く自立していなければならない。


〔訳注15〕マルティン・ブーバー Martin Buber(1878-1965) オーストリア出身のユダヤ人社会学者、哲学者。ウィーンにて哲学、歴史学を学ぶ。シオニズム活動に参加するが次第にハシディズムに興味を持つようになり、後にシオニズム活動から離脱。後年は文筆活動に専念し、中世ユダヤ哲学者についての広汎な著作を幾度もの改版を重ねつつ出版し、またヘブライ語聖書のドイツ語訳にも携わった。一九二四年にはフランクフルト大学教授職に就くがナチスによって追放され、イェルサレムに移住した。

〔訳注16〕イスラエル・カガン Israel Kagan(1839-1933) 現ベラルーシ領ジャトワヴァ出身のラビ。戒律の遵守を説くために各地を訪問し、東欧のユダヤ人運動で中心的な役割を担った。

〔訳注17〕デイヴィッド・ハートマン David Hartman(1931-2013) アメリカ生まれのラビの一人。イェルサレムからの移民の家庭に生まれ、ユダヤ式の教育を受けた。フォーダム大学で博士号を取得したのちにマギル大学教授として哲学を教えた。一九七一年にはイスラエルに移住し、イェルサレム・ヘブライ大学のユダヤ思想教授となった。

〔訳注18〕ゼエヴ・ジャボチンスキー Ze'ev Jabotinsk(1880-1940) 現ウクライナ領オデッサ生まれの修正主義シオニストで、シオニスト指導者。ポグロムに対抗して自衛組織を結成するなど、ユダヤ人の市民権を求める闘争を展開する。ヘルツルの死後には右派シオニストの代表的指導者となる。

は服従を受け入れてきた。ゆえにヘブライ人は命令できるようにならなければならない。ユダ公は自らのアイデンティティを異邦人から隠そうとする。ゆえにヘブライ人は世界を直視し、こう宣言しなければならない。「吾こそはヘブライ人なり」、と。[22]

美、誇り、力がここで強調されていることは、後のシオニズム右派としてのジャボチンスキーの未来を暗示している。対照的に、アハド・ハアムは、何世紀にもわたる服従によって培われた特殊な精神的性質に一層の関心を抱いていた。それは、「統一性と秩序の欠如、（…）［共通］感覚と社会的結束の欠如、民の中の卓越した人々にかくも恐ろしく蔓延っているナルシシズム、（…）誇示のスリルと横柄さ、（…）常にあまりにも怜悧であろうとする傾向」である。このような批評に対応するものは、他のナショナリズム運動と革命運動の中に多く存在する。おそらくアハド・ハアムにとっては不公平だろうが、ロシアの知識人に対するレーニンの批判とこれを比較せずにいられない。レーニンは、ロシアの知識人の、「（…）不精、なげやり、だらしなさ、几帳面にやらないこと、気ばかりあせること、実行のかわりに議論を、仕事のかわりにおしゃべりをしたがる傾向、どんなことにでも手を出すが一つとしてやりとげようとしない傾向」を非難した。[23] 非難の文句のリストは異なっているが、そのトーンはほとんど同じであり、この二人には相違点があるにせよ、彼らが同時代人の何を嫌悪したのかについて同意するのにさほどの困難はないと考えられる。

このように、シオニズムは、ユダヤ民族に深くコミットしていたがそれと同時にユダヤ人の変革にも同じくらい深くコミットしていたのである。穏健な宗教的ナショナリストであるアーロン・アイゼンベルグ[訳注19]は次のように書いている。「こうした若者たちは、民によって聖化されてきたわれわれの伝統に熱狂的に反対するが、自分たちのやっていることの意図は民を救うことであると主張する。（…）中には、彼ら［若者たち］が、民が心血を注いで作り上げ［てき」たものすべてを破壊しない限り、民が救われることはないと主張する者すらいる」[24]。破壊と救済、これについて、こうした活動家たちが望んだ変革を、文化的価値と態度を比較するリストを挙げることで描き出してみよう。価値と態度を列挙する上の列と下の列の関係は、上の列のもの「から」下の列のもの「へ」の変革という関係を示しており、セットになった用語がワンセットになり多かれ少なかれ自明な全体を形成する。

消極性	積極性
臆病	勇敢
屈従	誇り
服従	反抗
弱さ	強さ
内向的	外向的
行商人・店主	農民・労働者
女性の隷属	ジェンダー間の平等
依存	自立
従属	シティズンシップ
世界からの孤立	世界への関与

〔訳注19〕アーロン・アイゼンベルグ Aharon Eisenberg（1863-1931）　現ベラルーシ領ピンスク出身のユダヤ人運動家。初期のイスラエル入植運動を積極的に推進し、自身もイスラエルに入植した。

異教徒に対する恐怖と憎悪　　異教徒との平等と友好

西洋に暮らすユダヤ人知識人や専門家の多くは、右のセットのうち下段の用語で表現されているようなあり方への変革に必要なのは、解放つまり離散先の国々における市民的平等だけであると考えていた。ユダヤ人でもイギリス国民、フランス国民、ドイツ国民になり、「正常な」生活を送れるだろう。ユダヤ人はその土地その土地で解放される。ユダヤ人はゲットーから脱出するが、ディアスポラからの脱出はない。そうなれば、彼らは積極的になり、誇りを持ち、強くなり、周囲の世界と関わり合いを持つようになるだろう――もしそうならなければ、その理由は、隣人の異教徒たちと同じく、個人的な理由によるはずである。文化的シオニストはこのような信念を幻想だと考えたが、より重要なことに、彼らもまたこの信念は離散の結果生まれた幻想、自尊心の欠如のもう一つの印だと考えた。解放とは従属の最も新しい形態、異教徒に屈従する新たな道に他ならなかった。そのことをよく示しているのが、解放が宗教的信念に対する批判を必要としなかったということである。すなわち、解放は、ラビによって規定されるモーセ信仰と完全に両立できたのである。しかし、解放は民族自決の要求を一切断念することを必要とした。『自由における隷属』（一八九一）というアハド・ハアムの論考は、彼の目からすると、取るに足りない純粋に私的な利得のために自分たちが受け継いできた遺産を売り渡す西洋ユダヤ人に対する辛辣な批判である。[25] 同時に、東方における正統派の閉鎖的で狭小、脆弱で怯えた世界もまた――そこには受け継がれてきた遺産が一目瞭然で存在していたが――より良い状態にあるわけではなかった。この正統派の世界は隷属状態の中での隷属を表していた。シオニズムが目指したのは両者からの脱却である。シオニズムは集合的行動を要求した。文化的、政治的にである。しかし、同化ユダヤ人たちはもはや集合の必要を認めようとはせず、ユダヤ教徒は神が行動してくれるのを永遠に待ち続ける。離散的意識のこの二つの形態が否定されなければならなかった。

シオニズムの成功は、こうした否定を体現する「新ユダヤ人」の所産であった。その新しさには何の疑問もない。もっとも、多くの旧ユダヤ人がシオニズム運動に参加、接近し、私が言い立てるほど新旧ユダヤ人を区別する境界がはっきりしていたわけではない。シオニズム伝説で言われているような、新ユダヤ人の全員が農業に従事する英雄的な開拓者であったわけでもない。その数がそんなに多かったわけでもない。シオニズムは大衆運動ではなかった。それは常に一定のエリート的性格、つまり量よりも質を選好する性格を持っていた。それはつまるところ、古代文化の否定が人気のある理想ではないからである。新ユダヤ人を先導したのは、政治運動家であり、そこには近代の世俗的社会では普通だが旧ユダヤ人共同体では珍しいタイプの政治家すらも含まれていた。また、兵士、官僚、経営者、専門職、知識人——そして農民と労働者も含まれていた。彼らが新しかったのは、彼らがラビの権威を認めず、異教徒（トルコ人とイギリス人）の支配者に屈従せず、民族の独立への希望を繰り延ばしにすることを拒否したからである。

アハド・ハアムは、彼らがいかにして変化をもたらすのかについて明確なイメージを持っていた。まず、彼らは自己を変革し、次に、パレスチナに「精神的中核」を創り、この中核から外部に向かって働きかけつつ、離散ユダヤ人の文化全般を徐々に変革していく。それから、これも徐々にではあるが、彼らが政治的中核となり、究極的には（おそらく）独立国家を創ることになる。[26] しかし、このような漸進的な見通しは、二〇世紀のユダヤ人生活に生じた緊急事態によって台無しにされた。結局のところ、文化的変革が完了するのにはるかに先立って、シオニズム先導者が国家を創り、その国家を守り抜く戦争に勝利したのである。

ひとたび国家が樹立されれば、その第一の課題は、離散状態にある人々——まずは難民となり、住む場所を求めていた生き残りの中欧と東欧のユダヤ人、それから、帝国の没落とローカルなナショナリズムの勃興のために脅威に晒されている北アフリカとメソポタミアのユダヤ人——を結集させることだった。この結集は多大な成功を収めた。何万人もの移民が新国家に殺到したのである。しかし、結集政策の最も劇的な効果は、離散先で築き上げた文化を否定せずに持ち帰ったことである。こうして、ディアスポラ状態でのシオニズムが達成できなかったことを新たなシオニズム国家は達成しようとした。移民の吸収は文化的変革のプロセスとして設計されていた。それは、異なる手段による以前の文化戦争の継続を表していた。建国以前に書かれた、何がなされるべきかについてのベン＝グリオンの記述は示唆的である。

［吸収は］（…）異邦人の経済組織に寄生し他人に依存している、根を持たず貧困に陥り繁殖力をなくしているユダヤ人大衆を引き上げ——生産的・創造的生活に従事させ、土地に入植させ、農業、工業、手工業における一次生産に統合し、経済的に独立させ自足させることを意味する。(27)

移民の吸収は国家行為の一形態であり、公務員、教員、民生委員、軍事教官の仕事であった。ベン＝グリオンの言葉が示しているように、そのプロセスは説得を用いるものではなく強制的なものであり、一種の権威主義的色彩を帯びていた。後になってようやくはっきりしたように、これはまた移民の多くにとって甚だ不評であった——抵抗を貫いた人も、私的にそれができただけである。ベン＝グリオンが意図していた文化的変革は、今や、息を吹き返した戦闘的なユダヤ教によって公然と挑戦されている。

Ⅲ

いくつかの重要な留保が必要だとはいえ、パレスチナの民族解放についても同様のことが言えるだろう。解放運動の活動家たちは勝利を収めたわけではないと私が言うのは、彼らが、決定的ではないにせよ失敗した政治運動の唱導者であるという意味である。いつの日かパレスチナ国家ができることを私は希望しているが、世俗的ナショナリズムはすでに信仰復興に遭遇し始めている。宗教の強力さに対する世俗主義者の驚きは、ここで私が扱った他の事例で表明されたものと大して変わらない。パレスチナ国家を樹立できていないということが信仰復興の火元であることに疑問の余地はないが、それが信仰復興を説明するわけではない。世俗主義者が成功していたとしても、彼らは、予見していなかったイスラームの激しい力によってやはり挑戦されただろう。(28)

パレスチナの解放運動家は、帝国主義の手先と同じ学校には決して通わなかった。彼らはイギリスで学ぶことはなく、イスラエルの大学に通うことも決してなかった。しかし、パレスチナ運動の初期の指導者の多くは、キリスト教徒であり、しかもマルクス主義者であったために、顕著な批判的距離を保って民衆を見ていた。パレスチナ解放人民戦線の創設者であるジョージ・ハバシュ〔訳注20〕とワディ・ハダド〔訳注21〕のような活動家たちは、ベイルート・アメリカン大学で学び、マルクス＝レーニン主義者と自称し、伝統的なアラブ人の政治を激烈に批判した。解放運動――とりわけその最も急進的で最も徹底的に世俗主義的な陣営――におけるこの二人のようなキリスト教徒のパレスチナ人の重要性はいくら高く評価してもしすぎることはないだろう。

ヤセル・アラファト〔訳注22〕は、人民戦線のマルクス主義活動家よりも捉えがたい人物であるが、多くの点で、私が第一章

〔訳注20〕ジョージ・ハバシュ George Habash（1926-2008）　ＰＦＬＦ（パレスチナ解放戦線）の指導者。一九六〇年代から七〇年代にかけて多くのハイジャックやテロ活動を扇動した。

〔訳注21〕ワディ・ハダド Wadie Haddad（1927-1978）　ＰＦＬＦの指導者。ハバシュとともに多くのハイジャックやテロ活動に参加したが過激な行動を制御できず、一九七三年にＰＦＬＦを追放される。ＫＧＢとつながりがあったとの証言もある。

〔訳注22〕ヤセル・アラファト Yasser Arafat（1929-2004）　ＰＬＯ（パレスチナ解放機構）の指導者。イェルサレムに生まれる。カイ

でスケッチしたナショナリズム運動の指導者の像に合致している。パレスチナを脱出した両親の息子として一九二七年にエジプトで生まれ、一九四八年のナクバ——「災厄」の意〔第一次中東戦争のこと〕——にかなり先立つ時期に、彼は運動の先頭に立つ。その運動の立ち上げに立ち合ってはいないのにである。ある伝記作者が述べるところによれば、「彼は失われた祖国で幼年時代を過ごしたことはなかったし、別の誰かの所有に帰した土地も持っていなかったし、極貧難民になってしまった親戚も彼にはいなかった」[29]。アラファトは長年クウェートで技師として働き、そこでファタハ〔訳注23〕を創設した。ファタハという名称は頭文字をとって造ったものであるが、この単語は「征服」あるいは「勝利」を意味し、初期のイスラーム勢力の拡大を記述するために用いられることが多い。アラファトは敬虔なムスリムであり、決してマルクス゠レーニン主義者ではなかったと伝記作者は口を揃えて語る。しかし、彼が創設した組織は世俗的でナショナリスト的であり、クルアーンよりもアルジェリアのFLNとフランツ・ファノンの著作に影響を受けていた[30]。真の信仰者にとっては、アラファトは典型的な世俗主義者であり、国民国家建設にはコミットしていてもイスラーム国家建設にはコミットしていなかった。彼の後継者たちも同罪である——つまり、神の敵であり、ゆえに排斥されなければならないのである。

Ⅳ

しばし一般的な話に立ち返ろう。成功した民族解放運動の多くは、意図せずして、地下文化、すなわち、記憶によって育まれ、家族によって担われ、秘密集会とライフサイクルに織り込まれた祝い事の中で保持される秘教的伝統主義を生み出す。こうした文化の立役者たちは、マラーノのように、新たな国家の市民のふりをする。彼らは新たな国家の学校に通い、（全員ではないが）兵役に就き、選挙で投票し、新たな国家が与える利益を受け入れる——だが自分たちのイメージを変えることは決して許さない。彼らは、ベン＝グリオンやファノンが称揚する新たな人間になることはない。彼らは、近代的で、世俗的で、リベラルで民主的な市民になることはない。むしろ、その忠誠心の対象はまずもって、国民国家ではなく伝統的で前国家的な共同体により類似したものである。民族解放の記憶が薄れていくと、このような伝統主義者たちが反革命の舞台に登ってくる。それがつまりアルジェリア（およびパレスチナ）におけるイスラーム急進主義の、インドにおけるヒンドゥトゥヴァの、イスラエルにおけるゼロテ派の勃興である。宗教の復権は、新たなものが勝利したと自己満足に浸っていた民族解放運動のエリートたちにとっては、衝撃的出来事である。

しかし実際のところ、伝統主義者たちは、自分たちが想定しようとしているほど精神や信条においてその先駆者たちに近いわけではない。伝統主義者たちは解放されていないかもしれないが、解放の経験によって変化しており、しかも自分たちで理解できていない様々な点で変化していることが多い。反革命の帰結は不確かである。その帰結を描き出すことは、インド人、イスラエル人、アルジェリア人のストーリーがなおも未完である以上、ここではできない。否定されたものの回帰は、それとともにこの三つの国すべて（そしてパレスチナも含まれる）の政治を徹底的に変

ロ大学で工学を学ぶ傍らパレスチナ学生連合を組織し、このときの主要メンバーによってファタハが結成された。一九六九年よりPLO議長。九四年には中東和平の道を切り開いたとして、イスラエルのラビン首相らとともにノーベル平和賞受賞。九六年以降はパレスチナ暫定自治政府議長を務めたが、選挙の無期限延期など独裁的傾向を強めた。二〇〇四年に病気療養中のパリにて死去。

〔訳注23〕ファタハ Fatah　アラファトらを中心に一九五〇年代に設立されたアラブ系パレスチナ人の軍事組織であり、PLO内の最大派閥。「パレスチナ民族解放運動」の頭文字を逆にとったもので、これはHATAFが「死」を意味するため。これに対してFATAHは「勝利」の意。当初はイスラエルに対してゲリラ活動を行っていたが、九四年のオスロ合意を機に穏健派へと転向した。

化させている戦闘的な宗教的ナショナリズムをもたらしたが、いまだなお、解放のプロジェクトを制圧したり打破したりしたわけではない。

否定されたものの回帰は一般的現象だが、それぞれの事例に即して特殊な現象でもある。だから再びイスラエルに焦点を当てよう。離散ユダヤ人が「ふるさと」にたどり着くと、それとともに特徴的な政治がもたらされる。この政治はしばらくの間は一般市民のような行動の外見の裏に隠されているかもしれないが、それでも、その基本的特徴をあげることはできる。(ここでは、シオニズムによってではなく共産主義によって近代化・世俗化され、ここでの図式的説明にぴったりと収まらないソヴィエト系ユダヤ人の帰還については議論しない。) イスラエルにおけるユダヤ教徒の政治は、離散の経験の帰結であり、シオニズムよりもはるかに離散の経験とのつながりが強い。イスラエルの超正統派ユダヤ人たち、ハレーディームは、極めて急速にその人口に占める割合を増しているが、国家を自身のものだとは決して考えていない。その中には攻撃的なナショナリストもいる(その人々は私が第一章で引用した辞書的定義に非常に近い)。しかし、彼らには、市民は全体に対して責任を負わなければならないという感覚が無い。すなわち、彼らは自分たちと他のイスラエル人全員にとって共通である「善」を認識していない。彼らは常に部外者であり、常に脆弱である無国籍者に典型的な国家観を保持している。彼らは政治的風見鶏であり、国家が与える利益は何であれ利用し、負担は回避しようとする。民主的市民の結合と民主的政治の自由討論は彼らにとっては極めて異質なものである。彼らは旧来の結合に参加し、ラビの支配を権威あるものとして受け入れ、組織票を投じる。

アムノン・ルビンスタイン〔訳注24〕が記したように、彼らにとってシオニズムは「諸民族の家族への回帰ではなく、その正反対である――すなわち、ユダヤ人とこの世に存在する異教徒との新たな分極化である」。アラブ人とイスラエル人の紛争はこの分極化に特殊な力を与えるが、しかしその見方は両者共に同じである。すなわち、「他者」のすべてが敵意を持っており脅威なのである。「世界全体が一方の側にあり、われわれはその対極にいる」と一九七〇年代に正統派ラビの一人が、自国の状況について驚愕すべき虚説を開陳したが、それでもこれはルビンスタインの指摘した要点を衝いている(31)。この見方によれば、「他者性」は常に近くにあり、常に危険である。それは異教徒の世界のみならず世俗的なユダヤ啓蒙の世界をも含むものである。

否定されたものの回帰、それはイスラエルの地では、ラビの支配は「自由にものを考えるシオニストたちが望むようには弱体化せず（…）ますます強力になっていくだろう」というヒレル・ツァイトリンの予言の成就にすぎないと言う人もいるかもしれない。それにもかかわらず、自由にものを考えるシオニストたちは、正統派と超正統派ユダヤ教の復権（およびそれらを信奉する人々の数の増加）に不意を突かれてしまった。それは、離散という国家不在の状態の遺産に対して常に危惧の念を抱いていたベン＝グリオンにすら当てはまる。「何千年にもわたって離散に慣れ、抑圧され、独立を欠いていた人々が一夜のうちに号令一下（…）独立に伴う義務と重圧を嬉々として自発的に担うような、主権的で国家を有する人民に変わることはない(32)」。それでもベン＝グリオンは（ネルーと同じく）世俗的な楽天主義者であり、有名な事例だが彼がハレーディームと交渉し、イェシーバー〔ユダヤ教の神学校〕の生徒の兵役義務免除に同意したとき、彼は、兵役義務を免除される生徒の数はごくわずかにとどまるはずだと確信していた。新たなユダヤ人国家においては、ハレーディームはアメリカ合衆国におけるメノナイト〔訳注25〕やアーミッシュ〔訳注26〕のようなものとなるだ

〔訳注24〕アムノン・ルビンスタイン Amnon Rubinstein（1931-）政治家、憲法学者。テルアヴィヴ生まれで一九六六年にロンドン・スクール・オブ・エコノミクスにて法学博士号を取得。一九六一年から一九七五年までテルアヴィヴ大学法学部で教鞭を執った。その後は政治家となりイスラエルの民主化に尽力。逓信大臣、文部大臣等を歴任した。

〔訳注25〕メノナイト（Mennonite）一六世紀の再洗礼派を源流とするキリスト教会。名称は運動の指導者であったメノ・シモンズ（Memno Simons、1496-1561）による。徹底した非暴力がその特徴である。

〔訳注26〕アーミッシュ（Amish）アメリカ合衆国のペンシルベニア州、カナダのオンタリオ州などに住む再洗礼派のキリスト教会。

ろう。未来は自分と自分の仲間である自由にものを考える市民の側にあるがゆえに、ベン＝グリオンは心安らかにラビと妥協できたのである。

ベン＝グリオンは誤っていた（少なくとも彼の時間的な見通しは誤っていた）。しかしこの誤りはストーリーの一部にすぎない。というのも、伝統的正統派の復興は、離散的政治意識の一部、すなわち屈従、恐怖、ルサンチマンの側面を表すにすぎないからである。もう一つの側面を表すのがメシアの形象である。メシアの到来は、積年の離散状態のなかで、無限に繰り延べされていた。メシア待望への執着とラビによる「終末をおし進めること」の禁止が、消極性の政治文化を支えている。他方で、メシアがいつか到来するだろうという変わることのない確信、現れては消える、予見できず説明できない期待の増大、贋預言者と贋メシアの出現――これらすべてが、そのような文化に対する深刻な不満を示している。メシア主義は心地よいファンタジーであると同時に破壊力をも具えている。世俗的シオニストはこの力につけ入り、時にはそれを血肉化しているとまで主張したが、実際にはそれを取り込み、飼いならした。彼らはメシア主義をつらい仕事に変え、救済を獲得と更新の漸進的プロセスに変えた。「一デュナム［約四分の一エーカー］の土地、山羊一匹からこつこつと〔訳注27〕」。しかし、ありふれた仕事がなされ、ユダヤ教徒が国家、とりわけ一九六七年の不気味な魔術的瞬間〔訳注28〕に登場した敵を打ち負かした国家を目にするようになると、その多くは、自分たちはメシアの時代に――より適切に言えば、メシアの時代が到来するまさにその瀬戸際に――生きているのだと判断した(33)。

民族解放はユダヤ教徒にこのような考えをもたらしたが、しかし彼らをそれ以上引き込むことはできなかった。今やメシアは、政治生活において自己を表現しようとする敬虔な人々の熱意のみを待望していた。シオニズムの先駆者たちのように、敬虔な人々は土地に入植するだろうが、しかし神の命令を果すために行動するのであって、世俗的なイデオロギーを満たすために行動するのではない。このような人々は神の法にしたがって生きる。そうしてはじめて栄光に満ちた日々が始まる。

このような展望は、ロマン主義的な「血と土」を重視するナショナリズムに似ているが、同じではない。それはイスラエル国家の称揚でもない。入植の活動家たちにとって、今日あるような国民国家は、神の政治を促進するための道具にすぎない――しかしこの道具はそれほど頼りになるわけではない。入植者の雑誌『ネクーダ』の編集者が一〇年以上前に論じたように、民主政（西洋の異質な統治形態）が、トーラーに基づく生活にユダヤ人を立ち返らせる真正のユダヤ人の宗教的体制に取って代わられる時を入植者たちは待望しているのである。[34] しかしその一方で、メシアに対する熱狂はユダヤ人の道徳によって作り出されたものだとは思えない。つまり、入植運動は、最も分かりやすく、まがまがしい形態の反革命なのである。この運動が一九六七年以降の長期にわたるヨルダン川西岸地区とガザの占領あるいはそれに付随して起こった虐待行為には全責任を負うものではないが、その両者に大きく関わっている。

社会的追放の是非をめぐってメノナイトから離脱したヤーコプ・アマンが創始した。「オルドヌンク」という規律に従い現代社会の文明を否定する人がいる一方、現代社会へ関与することを許容するニュー・オーダー・アーミッシュと呼ばれる人々も増加している。

〔訳注27〕この一文は、一八八〇年代初頭からヨーロッパに登場したシオニズム運動の先駆的集団である Hovevei Zion（ヘブライ語で「イスラエルを愛する者たち」）が掲げた、パレスチナ入植に関するスローガンの短縮版である。彼らは、ユダヤ人による大規模なパレスチナ入植行為や当時のパレスチナ統治国であったオスマン帝国の打倒などを目標とせずに、ごくごく小規模の入植行為を繰り返すことで漸進的にパレスチナ入植を行おうとした。

〔訳注28〕一九六七年の不気味な魔術的瞬間（ominously magical moment of 1967）。一九六七年の第三次中東戦争（通称、六日戦争）を指す。イスラエルとエジプト・ヨルダン・イラク等のアラブ諸国が衝突した戦争であり、一九六七年六月五日、イスラエルの先制攻撃によって始まった。わずか六日間の戦闘でイスラエルは圧倒的な勝利を収め、その領土を四倍に拡大した。

現代のメシア主義には二つの側面がある。それは救済のみが離散に代わる唯一の選択肢であるという旧来の理解を繰り返すが、しかしそれはまた抜本的に新しく苛烈な政策をも支持する。その提唱者たちは兵役義務の免除を求めない（そしてイェシーバーの学生が兵役を免除されていることを公然と非難する）。自分たちの神の政治を展開するためならば、――多くの超正統派ユダヤ人が依然としてそう考えているように――軍事力を用いることもまったく厭わない。離散ユダヤ人たちは常に「他者」がその軍事力を自分たちに行使してきたとみなしてきたのにである。入植運動の周辺にはある種の悪辣さがあり、それは何人かの中心的人物によって許容され、助長すらされている――復興したユダヤ教と離散時代のユダヤ教をこの悪辣さ以上にはっきりと区別させるものはない。

しかし、現代のイスラエルにおいては、離散の歴史でそうだったのと同じく、メシア主義は短命に終わる傾向にある。メシア主義は失望、幻滅、新たな繰り延ばしの影響を際限なく受けやすい。一九六七年以降のユダヤ・メシア主義は、その闘士たちの情熱にもかかわらず、すでに消滅してしまっている。シオニズム解放運動に対する真の挑戦は、メシア主義的な戦闘性が出現し目立ち始めた超正統派ユダヤ人の自己主張と奇妙にも（そして部分的にではあるが完成した形で）融合したことから生じている。入植者のシオニズムと超正統派は、神学的には似て非なるものである。しかしそれらが一緒に登場し、部分的には融合すらしているということは、イスラエルにおいてだけではなく、一般的に見られる信仰復興の特徴と言えよう。高度に政治化された戦闘的右翼宗教運動は、伝統的な宗教心と正統派の儀礼のより広範な復興をもたらし、それによって力をつけている。同じようなことがインドとアルジェリアでも起きている。

〔シオニズムとメシア主義という〕この二つの形態のユダヤ教が無国家状態の中で生まれた以上、実際の国家でそれらが政治的に登場するとなると、耳障りで、混乱しており、矛盾していることは稀ではない。その首唱者たちは非ユダヤ人の世界を恐れもし、不安と攻撃性からそれに敵意を抱きもする。彼らは風見鶏のような仕方で国家にコミットし、その軍事力を当てにし、自分たちのためにその強制力を用いることも躊躇わない。しかし彼らは、選挙によって選ばれた国家の代議士、（それどころか）裁判官の正統性を、自分たちが公式政策を好まない時にはいつでもすぐさま否定する。彼らは自分たちの民族よりも宗教にコミットする。つまり、彼らは偏狭でも狂信的でもあり、攻撃的でも、好戦的でもあるゲットー的メンタリティを持ったナショナリストなのである。

このような政治から誰が利益を得るのか。マルクス主義者の分析は、この事例では大して役に立たない。イスラエルの資本家は宗教的狂信から利益を得ているわけではない。テルアビブのブルジョワジーはそれに対する免疫を持つと同時にそれによって脅かされている。ラビたちは利益を得ている。ラビの権威は強化され、ラビが支持されていることを考えると、ラビは社会的勢力である。しかしラビに特定の階級的基盤があるわけではない。右翼のポピュリズム的政治家は新たな好機を見出している。一九六七年以降の入植者たちは、少なくとも短期的には大きな利益を得ているが、彼らは狂信の産物であってその原因ではない。誰の地位も向上したり強化されたりしたと思えない。ユダヤのゼロテ派と伝統主義者が現代世界で影響力を持ったり、現代経済を支えたり、イスラエルの隣人たちと交渉したり、パレスチナ人との平和に至る道を見つけたりすることができるのだろうか。彼らはラビの権威を、民主的熟議や異議申し立てと調和させることができるのだろうか。彼らは膨大な数の非ユダヤ人、さらに多くの信仰を持たないユダヤ人が居住している国家において正しく統治を行うことができるだろうか。

私自身は、こうした疑問に戦闘的な宗教的立場から上手い解答がなされることはありえないと考えている。伝統主義者とゼロテ派が連立政権において重要な役割を演じるかもしれないが、最終的には反革命は失敗するだろう。反近代的な大臣を抱える近代国家は確実にトラブルを産み出す。民族解放が成功したとすれば、このような事態はいかにして生じうるのだろうか。実際のところ、メシア主義の噴出と伝統主義の回帰に対するシオニストの解答は驚くほどに弱かった。政治的理由は別としても、その弱さの納得のいく主要理由は文化の否定の二重の失敗である。一方で、旧来の宗教文化は克服されなかった。他方で、新たな世俗文化は、自身を支えるのに十分なほど厚みがある、あるいは強壮であるわけではない。

「解放以前の時代への回帰」を説明するために、文芸・社会批評家のアハロン・メゲド〔訳注29〕は率直にこう述べる。「真空はすべて（…）満たされなければならない」(35)。これはまったく公平な物言いではない。というのも、シオニストの著作家や活動家は離散の否定によって残された文化的空白を埋めるために多くのことを行っていたからである。新たな文化は、部分的にはこの運動そのものとその先駆者たちの経験の反映であった。しかしそれはまた、聖書に立ち返りつつ、外見上は一九世紀と二〇世紀の解放イデオロギーも志向していた。アーサー・ハーツバーグ〔訳注30〕はシオニズムについて、「その究極的な価値観は一般的な［ヨーロッパの］環境に由来する」と述べているが、しかしそれでも、シオニズムは独自の観念と制度、英雄と休日、式典と祝祭、歌舞音曲を生み出した。これらすべてが一体となってイスラエル人の文化を二〜三世代にわたって支配したのである(36)。しかし、世俗的シオニズムの再生産は過去数十年の間にひどく弱体化してしまい、イスラエルには何もないというメゲドの主張は、本来その主張が持つ価値を超えて広く流通しているのである。

しかし、真空が存在しないとしても、第一章で述べたように、文化の空気は希薄化している。つまり、何かが失われているのであり、歴史的な喪失が存在するのである。私が思うに、この喪失とシオニズムが始めた徹底的な否定との間には強力な連関が存在する。否定を熱烈に指示したユダヤ人ニーチェ主義者であったM・J・ベルディチェフスキー〔訳注31〕は、明瞭にこの因果連関を見通していた。一九〇〇年に少しばかり先立つ時期に、彼は自身の批判的思想についてこう述べた。「それらは強力であり、すべてを掘り崩し、すべてを変化させ、（…）古代的価値観をすべて疑問に付す強さを持っている」。しかし、彼は続けて言う。「それらが征服者であるとすれば、私は征服された者である。（…）私は自殺しようとしているのだと感じる時もあるのだ」(37)。

世俗主義者たちは自殺しなかった。彼らは依然として、イスラエル人の政治を支配していないにせよ、イスラエル人の文化の大半を支配している。しかし、その覇権は今日では心もとない。彼らはもはや、徹底的な否定の重大な結果である世俗—宗教の二分法を架橋できない。「世俗的」と言われる民にとっては離散は否定されている。「宗教的」と言われる民にとっては離散は決定的なまでには否定されておらず、彼らは新たな国家において旧来の文化を保持し、今やその文化を積極的に向上させている。支配的な知識人が当然発明できてしかるべき中庸の見地は存在せず、否定の妥協的形態、宗教の自由主義的形態も存在しない。おそらく、シオニストの聖書主義の意図は、古代イスラエル人の宗教と近代世俗主義者のイデオロギーの総合——歴史研究、考古学、土地調査、聖書の祭日の世俗的適用形態（イスラエルの初めての解放を祝うものとしての過越祭、宗教の自由を祝うものとしてのハヌカー）などといったものを通じて構築された連関——だったはずである。しかし、ユダヤ人の歴史を踏まえても、これらはすべて人工的産物で

〔訳注29〕アハロン・メゲド Aharon Megged（1920- ）イスラエルの作家、詩人。ポーランドに生まれ六歳の時にパレスチナへ移住。テルアヴィヴのヘルツリヤ・ギムナシアを卒業。その作風は徹底的なリアリズムからしだいにシンボリズムと風刺色の強いものへと移行していった。『ヘドバと私』、『阿呆の運』、『強制わいせつ事件』等がその代表作である。ビアリク賞（一九七四年）、イスラエル賞（二〇〇三年）、コレット賞（二〇〇四年）を受賞。

〔訳注30〕アーサー・ハーツバーグ Arthur Hertzberg（1921-2006）米国のユダヤ社会におけるラビ。ポーランドに生まれ五歳の時に米国に移住した。イスラエルの創設や社会的マイノリティーの市民権を主張。一九六〇年代にはユダヤ教とカトリックの関係改善のためにヴァチカンとの対話に参加した。一九六七年の第三次中東戦争（通称、六日戦争）に際しては、パレスチナ人国家の創設を要求している。

〔訳注31〕ミハ・ヨセフ・ベルディチェフスキー Micha Josef Berdyczewski（1865-1921）ロシアのヘブライ語・イーディッシュ語作家。ボロジンエシバ（神学校）に学び、その後はベルン、ベルリンの各大学で修業した。作品には短編や長編の小説、論争記事、ハシッドの伝説選集がある。『川の向こうから』、『内なる雷鳴』が代表作である。

あった。一九七〇年のあるインタビューでゲルショム・ショーレム〔訳注32〕は次のように論じた。「聖書への跳躍は、純粋にフィクションであるが、それは、聖書は今日もはや存在しない現実だからである」(38)。いずれの事例においても、跳躍は政治的に最も有用な聖書のテキストに向かって(ハヌカーの事例ではヘブライ語聖書の後に生み出されたごく初期のテキスト〔訳注33〕に向かって)行われたにすぎず、それに対抗して別のテキストへの跳躍がなされるという事態を招いた。シェークスピアの『ヴェニスの商人』のある科白は、イスラエル人の近年の経験と共鳴している。「悪魔も聖書を自分勝手に利用する」〔訳注34〕。

聖書はユダヤ人の文献であり、それに対する批判的関与は興味深い議論を生み出すかもしれないし、時には実際に生み出すこともある。しかし私は、有用な過去を探し求めるシオニストのこのような探究に代わる選択肢を提示したい。おそらくこの選択肢は、私がここで描いてきた歴史においては実現されることはないだろうが、しかし未来にとっては依然として重要であると思われる。民族解放が必要としたものは、聖書後のユダヤ人の伝統――すなわち、ユダヤ教そのもの――への批判的関与であった。ショーレムは、反逆と連続の「弁証法」がそもそもの初めからシオニズムを特徴づけていると論じた(39)。反逆は世俗的否定(および聖書への跳躍)という形態をとり、連続は伝統的ユダヤ教のなかに体現される。この二つは間違いなく矛盾している。しかし、これらは、それぞれが他方に対して影響を及ぼし二つが一定の双方的な形で変容する弁証法的関係に至ってきたわけではない。この二つの側面それぞれが打つどの指し手が、それらの相互作用を可能にするのだろうか。私には、世俗的反乱の側から発言することしかできないが、この疑問の半分だけに解答することを試みよう。伝統への批判的関与はいかにして解放運動家の――すなわちシオニストの――文化を強化するのだろうか。第四章において、私は暫定的な解答を描き出すが、この疑問はネルー的世俗主義の未来についての近年のインドの議論ともまた近い関係を持っていることを示すつもりである。

しかしまずは、民族解放の逆説の存在を否定し、私が上で逢着した疑問は正しい問題ではないと主張し、シオニズム文化ないしネルー的世俗主義の強化は望ましい目標ではないと論じるマルクス主義者とポスト・コロニアリズム批評家たちに取り組む必要がある。そこでこのような一連の批判を次の章で取り上げる。

【注】

（1）初期のシオニストについては、David Vital, *The Origins of Zionism*（Oxford, U.K.: Clarendon Press, 1975）を参照。

（2）「エレミヤ書」第二九章四―七。この箇所の引用は新ユダヤ教出版会（New Jewish Publication Society）の訳文による。ジェームズ欽定訳聖書では、「町の平安を求めよ（…）その町の平和があってこそ、あなたたちにも平安があるのだから」とある。時期は非常に早いが先見の明を備えた離散政治の説明は、「エステル記」に見出される。

（3）Leo Pinsker, *Road to Freedom: Writings and Addresses*, ed. B. Netanyahu（Westport, Conn.: Greenwood Press, 1975）, p. 76.

（4）叶えられない希望については、Gershom Scholem, *The Messianic Idea in Judaism*（New York: Schocken, 1971）, chap. 1〔高尾利数訳「ユダヤ教におけるメシア的理念の理解のために」『ユダヤ主義の本質』河出書房新社、一九七二年、五―五九頁〕を参照。

（5）Albert Memmi, *The Liberation of the Jew*, trans. Judy Hyun（New York: Viking Press, 1973）, pp. 297-98〔菊池昌實・白井成雄・宇田豪訳『イスラエルの神話――ユダヤ人問題に出口はあるか』新評論、一九八三年、三九二頁〕.

（6）Theodor Herzl, *Old-New Land*（"Altneuland"）, trans. Lotta Levensohn（New York: Bloch, 1941）, p. 79.

〔訳注32〕ゲルショム・ショーレム Gershom Gerhard Scholem（1897-1982）　ドイツ生まれのユダヤ思想家、カバラ研究の第一人者。正統派ラビのもとで教育を受けたのち、ベルリン大学で数学、哲学、ヘブライ語を専攻。友人ヴァルター・ベンヤミンとヘルマン・コーエンのカント研究書の読書会を行うなど、ヨーロッパ哲学にも造詣が深かった。一九二三年、当時の英領パレスチナに移住し、第二次大戦後もイスラエルで活動した。

〔訳注33〕原語は postbiblical だが、ユダヤ教ではヘブライ語聖書が唯一の「聖書」であり、キリスト教の「新約聖書」を認めないため「旧約」という呼び方も避けた。

〔訳注34〕『ヴェニスの商人』第一幕第三場、アントーニオーの科白。

（7）Shmuel Almog, *Zionism and History: The Rise of a New Jewish Consciousness*, trans. Ina Friedman（New York: St. Martin's Press, 1987）, p. 98 による、ヘルツルが一八九九年に執筆した記事からの引用。
（8）ウガンダ論争についての私の議論は、もっぱら Ehud Luz, *Parallels Meet: Religion and Nationalism in the Early Zionist Movement*（*1882-1904*）, trans. Lenn J. Schramm（Philadelphia: Jewish Publication Society, 1988）, chap. 10、および、Almog, *Zionism and History*, chap. 4 に依拠している。
（9）Vital, *Origins of Zionism*, p. 138. また、Luz, *Parallels Meet*, p. 38 も参照。
（10）Luz, *Parallels Meet*, pp. 271-72.
（11）これはミズラヒムのラビに対する批判者たちによって当時主張されていたことである。ルズ（Luz）はこれを説得力はあるが、そう言い切るだけの証拠は見当たらないとしている。*Parallels Meet*, pp. 267-68 を参照。
（12）Vital, *Origins of Zionism*, p. 169.
（13）軍隊とラビについては、Theodor Herzl, *The Jewish State*, with an introduction by Louis Lipsky（New York: American Zionist Emergency Council, 1946）, p. 146〔佐藤康彦訳『ユダヤ人国家――ユダヤ人問題の現代的解決の試み』法政大学出版局、一九九一年、九一―九二頁〕.
（14）ビアリクの詩の中には、なぜその道が取られなかったのかを説明するものもある。そうした詩は、伝統の意味や価値への絶望に近いものを表現している。例えば、"The Talmud Student" in *Selected Poems of Hayim Nachman Bialik*, ed. Israel Efros（New York: Bloch, 1948; revised ed. 1999）, pp. 29-50. 文化的結集を求める初期の偉大な取り組みは、*The Book of Legends*（*Sefer Ha-Aggadah*）, ed. Hayim Nahman Bialik and Yehoshua Hana Ravintsky, trans. William J. Braude（New York: Schocken, 1992）である。この著作はもともと、一九〇八―一九一一年の間にオデッサでヘブライ語で出版された。
（15）Almog, *Zionism and History*, pp. 121, 199; Ahad Ha'am, "The Transvaluation of Values," in *Nationalism and the Jewish Ethic: Basic Writings of Ahad Ha'am*, ed. Hans Kohn, trans. Leon Simon（New York: Schocken, 1962）, p. 165; Luz, *Parallels Meet*, p. 88.
（16）Almog, *Zionism and History*, pp. 132, 140, 270; Isaiah Berlin, *Personal Impressions*, ed. Henry Hardy（New York: Viking, 1981）, pp. 42-44〔福田歓一・河合秀和編『バーリン選集2　時代と回想』青土社、一九八三年、七〇―七一頁〕.
（17）Haim Hazaz, "The Sermon," in *Israeli Stories*, ed. Joel Blocker（New York: Schocken, 1962）, p. 65.

(18) Almog, *Zionism and History*, pp. 134-35.

(19) Luz, *Parallels Meet*, p. 49.

(20) Pinsker, *Road to Freedom*, p. 105.

(21) David Hartman, *A Living Covenant: The Innovative Spirit in Traditional Judaism*（New York: Free Press, 1985）, p. 286.

(22) Amnon Rubinstein, *The Zionist Dream Revisited: From Herzl to Gush Emunim and Back*（New York: Schocken, 1984）, p. 4.

(23) アハド・ハアムについては、Almog, *Zionism and History*, p. 87 の一八九一年に書かれた論考からの引用を参照。レーニンの引用は、一九一七年に書かれたパンフレット *How to Organize Competition*（Moscow: Progress Publishers, 1951）, p. 63〔「競争をどう組織するか？」、マルクス＝レーニン主義研究所・レーニン全集刊行委員会訳『レーニン全集』第二六巻、大月書店、四二一頁〕による。

(24) Luz, *Parallels Meet*, p. 104.

(25) Ahad Ha'am, *Nationalism and the Jewish Ethic*, pp. 44-65.

(26) アハド・ハアムの漸進論については、Steven Zipperstein, *Elusive Prophet: Ahad Ha'am and the Origins of Zionism*（Berkeley: University of California Press, 1993）, pp. 77-80, 157 を参照。

(27) Shlomo Avineri, *The Making of Modern Zionism: The Intellectual Origins of the Jewish State*（New York: Basic Books, 1981）, p. 200 に引用されている David Ben-Gurion, *From Class to Nation*（1933）による。ベン＝グリオンがここでヨーロッパからの移民を話題にしており、北アフリカやイラクからの移民を話題にしていないということは無視してもよい。

(28) 初期のパレスチナ人活動家の世俗主義については、Edward W. Said, *The Question of Palestine*（New York: Vintage, 1989）, p. 164〔杉田英明訳『パレスチナ問題』みすず書房、二〇〇四年、二二一―二二頁〕を参照。

(29) Danny Rubinstein, *The Mystery of Arafat*, trans. Dan Leon（South Royalton, Vt.: Steerforth Press, 1995）, p. 20.

(30) しかし、「アルジェリア人とパレスチナ人の抵抗運動のあいだには多くの類似性がありそうだが、結局それらの類似性は潰え去ってしまう」というサイードの注意（*Question of Palestine*, pp. 183-84〔邦訳二五一頁〕）を参照してもらいたいが、私には、そうした類比関係の中には破綻していないものもあると思われる。

(31) Rubinstein, *Zionist Dream Revisited*, p. 111, 116.

(32) Avineri, *Making of Modern Zionism*, p. 214. 一九五四年のベン＝グリオンの演説からの引用。

(33) 一九六七年以降にイスラエルの信徒集団の中で何が生じたのかについての最良の説明は、Aviezer Ravitsky, *Messianism, Zionism, and Jewish Religious Radicalism*, trans. Michael Swirsky and Jonathan Chipman（Chicago: University of Chicago Press, 1996）である。また、Gadi Taub, *The Settlers and the Struggle over the Meaning of Zionism*（New Haven: Yale University Press, 2010）および Gershom Gorenberg, *The Accidental Empire: Israel and the Birth of the Settlements, 1967-1977*（New York: Henry Holt, 2006）も参照。

(34) Gadi Taub, "Can Democracy and Nationalism Be Understood Apart? The Case of Zionism and Its Critics," *Journal of Israeli History* 26:2（September 2007）, pp. 166-67. トーブは二〇〇二年に出版された Motti Karpel, *The Revolution of Faith: The Decline of Zionism and the Rise of the Religious Alternative*（ヘブライ語）という本について報告している。

(35) Rubinstein, *Zionist Dream Revisited*, p. 97.

(36) Arthur Hertzberg, ed., *The Zionist Idea*（New York: Harper Torchbooks, 1966）, pp. 17-18.

(37) Luz, *Parallels Meet*, p. 170. David Biale, *Not in the Heavens: The Tradition of Jewish Secular Thought*（Princeton, N.J.: Princeton University Press, 2011）, pp. 152-54 におけるベルディチェフスキーについての議論も参照。

(38) Interview with Gershom Scholem, "Zionism — Dialectic of Continuity and Rebellion," in *Unease in Zion*, ed. Ehud Ben Ezer（New York: Quadrangle, 1974）, p. 277. ダヴィド・ベン＝グリオンの聖書についての論考と講義については、*Ben-Gurion Looks at the Bible*, trans. Jonathan Kolatch（Middle Village, N.Y.: Jonathan David, 1972）を参照。Biale, *Not in the Heavens*, p. 88 は、ベン＝グリオンが聖書の「戦闘的なまでに世俗的な」解釈者であると指摘しているが、これは正しい。

(39) Interview with Scholem, "Zionism," p. 273.

第三章

逆説の否定——マルクス主義の視点

私が最初に取り扱った逆説は、解放者たちと彼らが解放しようとする——そして実際に解放する——民衆との間の緊張関係に関わっている。その関係は深い共感と深い敵意とを同時に包含している。共感というのは、解放者たちは単に外国の支配者を憎み、彼らに取って代わろうとするだけではないからである。彼らは自分の同類だと考える人々、すなわち彼らの民衆（この所有代名詞が重要である）の日常生活を実際に改善したいと思っている。敵意というのは、解放者たちは同時に、この同じ民衆が持つ後進性、無知、受動性、従順性と思われるものを嫌悪するからである。彼らは自分たちの民衆を変容させることによって、彼らの伝統的な宗教的信条や儀礼——彼らの多くあるいは大部分がそれらに堅く結びついている——を乗り越えあるいは近代化することによって、彼らを助けたいと思っている。

最初の二章で私が暗黙の裡に、そして時に明示的に擁護してきた立場は、そのより苛烈でより奇怪でより独断的なかたちへの批判と結びついた、この変容の試みへの一つの共感である。私が扱う三つの事例のうちの二つ、すなわちインドとイスラエルにおいては、それらの新国家における解放活動家たちの支配はそれほど苛烈でもなかったということは付け加えておくべきだろう。英国領インドの分割により引き起こされた大虐殺および民族浄化と、一九四八年の〔第一次〕中東戦争に伴う追放がかつてあった。ネルー政権はカシミール、ナガランド、そしてインド北東部の他の諸地域を武力によって支配した。イスラエルは西ガリラヤとそこに住む、大多数がアラブ人である住民たちに軍事的支配を行った(1)。だが世界基準からしても、それらは野党や非常に批判的な報道と自由な大学が存在するリベラルな体制であった。実際、現代のあるインド人社会学者はネルーが「〔世俗化の〕過程を早めるための国家の強制力の使用を拒否」したと記している。この見解によるとネルーは行き過ぎた自由主義者であったか、あるいは彼は宗教の凋落に対してあまりにも楽観的であった。この批評家は次のように述べている。「彼をレーニンやアタテュルク〔訳注1〕と比べてみたくなる。そして、もしあなたが独裁を容認するのであれば、彼は見劣りするだろう(2)」。ところで私は独裁を「容認」しないし、解放活動家たちに対するかなり異なった、ことによると正反対の批判をほのめかしてきた。すなわち、彼らは現実的な深刻さと伝統主義的敵対者たちの強力さを認識せず、彼らとの取り決めや交渉の過程を開始した。しかし、この批判に対して懐疑的になるのはまったく当然のことであることを私は認める。結局、彼らの民衆の伝統を単に否定するのではなくそれになじもうとした人々は、私の考察しているどの事例においても成功を収めなかった。彼らは民族解放の逆説を解決できなかったし、また信仰復興を防ぐこともできなかったのである。

逆説をどのように論じるべきかを再び問う前に、インドの民族解放に関する異なる二つの説明を考察する必要がある。それはマルクス主義とポスト・コロニアリズムであり、それらは論じるべき逆説があることすら否定する。これらの見解によれば、(イスラエルやアルジェリアにおいても)解放運動の古参活動家たちは信仰復興に驚くべきではない。というのは、解放運動はその直接的な要因だからである。復興論者の信仰は民族解放の「双子の暗い方の片割れ」であるとインド人の友人が私に語った。私の着目した対立は、それらの活動家たちと熱狂的信者たちが何を信じようとも、世界史的には同類である社会勢力の間の小競り合いにすぎない。

マルクス主義的な説明によれば、宗教的信条やそれらの信条が生み出す熱烈に支持されたアイデンティティは虚偽意識の実例であり、それらは争い合う社会的諸階級の「現実世界」とまったく噛み合わず、抑圧された人々の必要を満たすこともできない。解放運動家たちは、自分自身のナショナリズムがそれと似通った形式を有しているため、それらの信仰やアイデンティティを克服することができない。それもまた虚偽意識の一つの例であり、それは同様の原始的な観念と情念に依拠しており、宗教と同じく被抑圧者の必要を満たすことができない。ナショナリズムと信仰復興との偽りの対立が何であれ、それら二つは互いに強化しあい、狭量で偏狭で狂信的排外主義的な政治を生み出す。それとは対照的に、ポスト・コロニアリズムの著作家たちはその二つを特殊近代の産物と考える。彼らはある種のロマンティックな郷愁をもって、「前近代的宗教的アイデンティティのファジーで融合的、相互補完的、重複的な性質」を強調する。そして狂信的熱狂を促す一枚岩的にがっしりした排他的な諸宗教は植民地支配の産物だと主張する――解放運動家たちはそれに挑戦しているのではなく、むしろ永続化させているのだ。インドのナショナリストたちは「西洋特有な形態の規律権力」を盗用しているのである。ヒンドゥーの活動家たちがこの権力を行使するために彼らと競い合うのも驚くべきことではない(3)。

この章では主にマルクス主義による批判に焦点を当てる。なぜなら、それは二つのうちでもより魅力的で、よりやりがいがあり、より役に立つ間違い方をしていると思われるからである。マルクス主義の普遍主義が西洋哲学者たちの間に広まっている見解と精神的に非常に近いことを認めるのも重要である。それによると宗教とナショナリズムは

〔訳注1〕ムスタファ・ケマル・アタテュルク Mustafa Kemal Ataturk（1881-1938）オスマン・トルコの元帥、トルコ共和国の初代大統領。トルコ革命を指導し、オスマン・トルコ帝国の支配者スルタンを廃し、トルコ共和国樹立を宣言して初代大統領となった。トルコの近代化を押し進めたことで知られる。アタテュルクという姓はトルコの父を意味し、国民に苗字を強制するにあたり自ら名乗ったものである。

両方とも危険なくらい狭く偏っている。この知的近接性から導き出される政策は、マルクス主義者にとっては社会主義的政策であり、大部分の哲学者にとっては自由主義的政策である。私は社会主義と自由主義の両方に共感するので、民族解放がなぜそのどちらに対する侮辱でもないのかを説明する必要がある。これは独創的なプロジェクトでもなければ奇妙なプロジェクトでもない。私より前にも普遍主義へのコミットメントとナショナリズムへのコミットメントを調和させようと苦心してきた社会主義的でかつ自由主義的な著作家もいた(4)。

ポスト・コロニアリズムによる批判については第四章の冒頭部分で述べる。だが、私はどうあがいてもそれをうまく扱うことができないだろう。アマルティア・セン〔訳注2〕が次のように記したのは私には正しいように思える。いくつかのポスト・コロニアリズムの議論は「手の込んだ概念的構成物と尊敬に値するほどの言葉の複雑さを伴い、それらを理解するのは(たとえ片方の手には新造語辞典で、もう片方の手には勇気で武装したとしても)並はずれて難しいことだろう(5)」。私自身の議論では、ポスト・コロニアリズムのわかりやすく、そして願わくは常識的なものを検討するつもりである。

マルクス主義者による批判はまさに私が始めたのと同じようなかたちで始まる——つまり、その成員が外国の支配に順応し、自らの従属的役割を受け入れ、自身の従属を正当化する方法、とりわけ宗教的方法を見つけ出しさえするような民族から始まるのである。インドの学術雑誌『サバルタン・スタディーズ』〔訳注3〕の寄稿者たちは、反抗の強い底流、そして時には実際の反乱があったことを主張している。すなわち、日常世界における逃避的および反体制的行動や、たびたび起こった農民暴動、千年王国説信者による暴動である(6)。だが、概して植民地の支配者たちは非常に少ない数の兵士や警察で自らの統治を維持した。彼らの被統治者たちはたいてい受動的で無気力で従順であった。彼らは民族解放活動家たちが記述したとおりであった。違っているのは、彼らの置かれた状態が記述された民族に固有のものではないことだけである。実際、彼らはまさにどこにでもいるような従順な人々のようであり、うりふたつなのである——そして彼らがその類似性を認識するようになったことは決定的に重要である。エドワード・サイード〔訳注4〕は『文化と帝国主義（*Culture and Imperialism*）』の中で次のように述べている。みずからが従属民族に属するという意識は「反帝国主義的ナショナリズムの礎」であるが、個々の成員が「自分自身の歴史を、被征服民族のすべての人々が共有する歴史の一部であることを認め」るのでなければ、それは狂信的排外主義や外国人差別をもたらすだろう。(7) これに代わるもう一つの説明は普遍を目指す説明である。それは抑圧が民族を名指ししたものであることを否定する。インド人はインド人だから抑圧されているのではなく、またユダヤ人もユダヤ人だからではなく、アルジェリア人もアルジェリア人だからではない。彼らは単に従属民族であり、グローバル・プロレタリアートの一部である。そして、彼らの解放が民族解放でなければならない、あるいはそうでありうると考えることは誤りなのである。

〔訳注2〕アマルティア・セン Amartya Sen（1933- ）インドの経済学者。厚生経済学や社会的選択理論のパイオニアである。所得分配の不均衡や貧困、飢餓の研究により一九九八年にアジア人として初めてノーベル経済学賞を受賞。二〇〇一年に発足した「人間の安全保障委員会」では緒方貞子とともに議長を務めた。

〔訳注3〕サバルタン・スタディーズ *Subaltern Studies* ラナジット・グハらによるインド史の研究プロジェクトであり、その成果は一九八二年から刊行されている。サバルタンという用語はアントニオ・グラムシに由来し、従属的な立場に置かれている者たちを指す。この研究プロジェクトは「国民」や「階級」など既存の言葉によって記述されるエリートの視点に立ったナショナリストやマルクス主義者の歴史認識にサバルタンの立場から異議を唱えることを目的として発足した。サバルタンという用語はデリダ研究者であったガヤトリ・C・スピヴァクの再解釈を経て広く受容され、現在ではインド史の文脈を離れても使用される。

〔訳注4〕エドワード・サイード Edward Wadie Said（1935-2003）アメリカの英文学者、比較文学者、ポストコロニアリズム研究者。パレスチナのキリスト教徒として、イェルサレムに生まれる。カイロ、アメリカで教育を受け、後にアメリカの市民権を取得。『オリエンタリズム』で、西欧中心のオリエント観、とりわけ中東の地域研究を批判し、ステレオタイプ化された〈他者〉像に基づく研究が植民地主義の肯定につながると指摘した。

長きにわたり『ニュー・レフト・レビュー』〔訳注5〕の編集者を務めたペリー・アンダーソン〔訳注6〕は、諸国家と諸運動の、私自身のものとほとんど変わることのない比較研究において、この議論をもっとも洗練されたかたちで展開した——彼が扱っているのはインドとイスラエル、そしてアイルランドである。彼は次のように書いている。これら三つの国において、

独立後に政権を握ったナショナリズム政党は（…）闘争の宗派的な引き波から距離を取り、その遺産に真っ向から取り組むことができなかった。どの事例においても、与党は次第に輝きを失い、それにつれて本来の闘争で喚起された神学的情熱に直接的に訴えることに関してより抑制を欠く、より過激な対抗者に出し抜かれた。これらの政党の成功は、（…）民族運動において常に潜在してきたものの、明白に認められることも一貫して拒絶されることもなかったものを憚ることなくはっきりと口にする能力によるものである(8)。

この見解によれば、解放者たちは彼らの同胞の宗教的コミットメントから「距離を取」ろうとするが、そうする勇気がない、あるいは自らのナショナリズムがゆえにそれを公然と明示的に一貫して行う能力がない。宗教的情熱は彼らのナショナリズムのプロジェクトにおいて潜在し、かつ手つかずのままであり続ける。事実上、民族解放の活動家たちは、のちに信仰復興運動家たちが近代化された宗教をつくり出すのとほとんど同じ仕方で、近代的な民族をつくり出すのである。すなわち、その原初的性格を引き出すことによって、その歴史における英雄的な瞬間を探し出すことによって、そして同時に征服者や迫害者によって民族が被った侮辱を強調することによってである。彼らは自分たちの民衆が持つ現行の文化に対して批判的である一方で（しかし、決してその批判は十分なものではないのだが）、自らが称賛できる歴史的文化を回復あるいは捏造する。そして、このすべてが古い宗教の「引き波」をもたらすのであ

る。

したがって、民族はその解放者の監獄と化し、原理主義的宗教はナショナリズムの隠れた分身となる。あるいはアンダーソンによれば、「ある種の正義をもって」その正当な継承者であることを主張し、指名されてもいないのにしゃしゃり出てくる後継者となるのである。「双子の暗い方の片割れ」という私の友人の言い回しはあまり正しいとは言えない。というのは、この見解における民族解放と信仰復興のどちらもが同じくらい暗いからである。それら二つは等しく偏狭であり、排他的である。それらは民族から排除され、敵として扱われ、忌み嫌われる「他者」を不可避的に作り出してしまう。それらは狂信的排外主義的および不寛容な政治を生み出す(9)。

もちろん、民族解放の活動家たちは自らのプロジェクトに対して異なった見方をしている。旧来の宗教に対する彼らの拒絶は何年もの間、確固として明示的であり完全に一貫していたということを彼らの多くが主張しうるが、それ自体は正しい。そして、彼らの目的は自らの民族の強大化ではなく、諸民族から成る社会における成員間の平等な関係と「他者」との互恵主義であるということを彼らのすべてが論じている。しかしながら、彼らがナショナリストであるかぎり——これはもう一つの説明である——、彼らは自分たちの民族を動員することなしにはそれらの目標を達

〔訳注5〕『ニュー・レフト・レビュー』*New Left Review* 一九六〇年にエドワード・P・トムスンらによって創刊されたイギリスの左派学術雑誌。前身である『ニュー・リーズナー』誌と『大学および左翼評論』誌が合併することで誕生し、これらの雑誌の創刊は共産党による公式マルクス主義に対する不満を背景に持つ。トムスンらのグループは後に参加するペリー・アンダーソンのグループと仲たがいをし、『ニュー・レフト・レビュー』から離れている。

〔訳注6〕ペリー・アンダーソン Perry Anderson（1938- ）イギリス出身の歴史家、西欧マルクス主義の理論家。一九六二年から『ニュー・レフト・レビュー』の編集者となる。東南アジア研究およびナショナリズム研究で著名なベネディクト・アンダーソンは兄である。

成することができない。そして、実践においてそれが意味するのは、血の絆や直感、非合理的信念に対する訴えかけである。解放者たちは彼らの打倒したいと望む信仰者たちを模倣する。彼らは殉教や神の前での申し開きといった宗教的主題を盗用する。彼らは過去と未来の栄光を現在の恥辱に対置する。彼らが自身の目標について何と言おうとも、彼らの始めた政治闘争が目指しているのは単に独立や平等、宗教的自由ではなく、いにしえの敵に対する勝利である。そして、その敵の多くも同じく、異なる信仰の構成員――異教徒――なのである。

アンダーソンは、「宗教が、はじめから組織化における中心的役割を果たし、いわばその運動の遺伝情報を規定するような」ナショナリズム運動に自身の議論を限定している[10]。生物学的比喩は、政治に関する著作の中では常にそうであるように、誤りである。だが、私はその議論に注目しようとするアンダーソンの努力には反対しない。しかしながら、それを行うには、彼の三つ、あるいは私の三つでも足りず、さらにずっと多くの事例が含まれなければならないように思われる。たいていの民族の歴史が宗教の歴史と絡み合っている。だから活動家たちはその絡み合いを解くことに奮闘する。それが民族解放を、問題を多くはらんだものとするのである。独立後の最も困難だった任務は何であったかをアンドレ・マルローに尋ねられ、ネルーは、初めは敬虔に答えていたが、その後より現実主義的な答えに言い換えた。「正しい方法で正しい国家をつくること」と彼は述べた。そして、「おそらく、宗教的な国に世俗的な国家を作ることもです[11]」。

そのプロジェクトは何世紀もの外国の支配と無国家状態の後では特に困難である――というのは、宗教と政治との間に線が引かれうるのに必要な空間を与えるのは国家のみだからである。根本的な意味では、国家のみが世俗的たりうる。そのような政治的権威が国家のような形を取るときはどこであれ、その唱道者たちは宗教的権威からの独立を達成するために苦心する。教会と国家の間の闘争は中世ヨーロッパ政治の――そして近代ヨーロッパ政治の際立った特徴である。その闘争がヨーロッパのもう一つの輸出品である。インド、イスラエル、アルジェリアの解放運動家たちは自分たちの国を見回し、確かにその重要性を学びはしたが、ネルーもはっきりと知っていたように、彼らは以前に行われたことのある闘いを再演しているのだと知るのは有益である。

民族解放に関するマルクス主義の見方は、ネルーのような世俗主義者は十分に世俗的でないと考えるものである――彼らが国民国家にコミットしている間は（そして、例えば、労働者の国家にコミットしていない間は）十分に世俗的にはなりえない。解放活動家たちは不可避的に宗教的熱狂者を呼び起こすことになる。狂信的熱狂は活動家たちにとって衝撃である。熱狂者と対立してしまうことは危機的であり、破壊的ですらある。それとは対照的に、彼らのマルクス主義的批判者にとっては、対立は表面的な現象にすぎない。教義的な差異は深いものではなく、双方の根底にある偏狭性も、それが生み出す感情もよく似ている。

したがって、ガンディーによるヒンドゥー教のモチーフの政治的利用、すなわち彼の「政治的空間への宗教的言説の抑制なき注入」は民族解放の一般法則に対する例外ではない。それは実は一般法則の特に分かりやすい一例なのである。[12] 彼の平和主義のみが例外的である。V・S・ナイポールは次のように書いている。ガンディーは「［インドの］アルカイックな宗教的感情を呼び覚ました」。だがそれは、自分たちがたとえ宗教に反対しているつもりでも、すべてのナショナリストたちが行っていることである。それらのアルカイックな宗教的感情は、解放運動家のプロパガンダの必須材料である古風な民族的感情と密接に関連している。実際、その二つの感情は多くの場合、実質的に同一である。キリスト教やイスラームと並び立つ、統一的で理路整然とした世界宗教としてのヒンドゥー教は、おそらくイギリスの発明品であろう。ヒンドゥー教徒とムスリムの反目は、おそらく部分的には帝国の政策の帰結である。ヒンドゥー教徒の信仰や儀礼と敗北や抑圧に関するヒンドゥー教徒の理解がインドの民族的動員に決定的な役割を果たしたこともまた事実である――そしてそれらは同時に、イギリスによる征服の前にムスリムによる征服があったことを（ヒンドゥー教徒の）インド人たちに想起させるのに役立った。独立インドのイメージを喚起する試みは不可避的に、ヒンドゥー教徒統治の時代に目を向けさせることになったのである。

ネルー時代とその後の時代の多くのナショナリストたちはまったく宗教的ではなかった。ヒンドゥトゥヴァの代表的イデオローグであり、その言葉を発明したV・D・サーヴァルカル〔訳注7〕は、インド人ではなくヒンドゥー教徒が民族であり、ヒンドゥー教は、いかなる種類のものも、ひとえにその民族の「文化」であるという考えを擁護する本を書いた。だが彼は、インドがヒンドゥー教の「聖地」であるとも書いており、そのようなかたちでアンダーソンのいう「引き波」と思しきものを示している。サーヴァルカルによれば、インドは他の何者の聖地でもない。ムスリムやキリスト教徒のインド人たちははるか遠くに自身の聖地を持っているのである。ヒンドゥー教の信仰や儀礼は、主権を要求する民族の成員であることのしるしであり、寛容のみを要求する宗教的共同体の成員のしるしではない。あるいはむしろ、民族と宗教は根本的に絡み合っている。サーヴァルカルは包括的なヒンドゥー共同体を想い描いていた。彼はジャイナ教徒やシク教徒を引き込んで、イスラームやキリスト教に改宗した人々を取り戻したいと考えていた。しかし彼らが戻ってくることができるのはヒンドゥーの「文化」に復帰した場合にのみである。だから、それは実際には宗教的文化であった(13)。

民族解放に関するポスト・コロニアリズムの批評者であるアシシュ・ナンディの次のような指摘は確かに正しい。すなわち、ヒンドゥトゥヴァのイデオローグたちは、本当は伝統的ヒンドゥー教を好まない。それは「非常に多様で女性的、非合理的であり、現代世界の複雑性に通じておらず、汎神論的で異教に染まりやすく、だまされやすく無秩序的であるので、固有の国家を運営することができない(14)」。彼らはナショナリズムのプロジェクトを進めていくためにより逞しい宗教を欲しているのだが、彼らの計画は解放とは異なり宗教的基盤に依拠しつづける。

サーヴァルカルや、より過激なM・S・ゴールワルカール〔訳注8〕のようなヒンドゥトゥヴァの理論家たちは、しばしば自分たちをシオニストと比較する。シオニストも同じく宗教的共同体として描かれることの多い民族の要求を主張する。

その違いは、少なくともユダヤ人たち、あるいは彼らの多数派の方が、明確な民族意識を持っていたことである。アーム・イスラエル（Am Yisrael）、すなわちイスラエルの民は、ユダヤ人自身の間でユダヤ人を表わす最も一般的な名称である。シオニストは古代の（そして彼らには頽廃したと見える）民族から近代的な民族を創出しようとしたが、その創出に必要な材料はすでに存在していた。共通の歴史、文化、法というシオニストが作り替えたがっていたすべてのもののみならず、共有ということが重要だという広く行き渡った感覚もである。独立民族としての地位はシオニストの野望であったが、それはシオニストのでっち上げではなかった。事実、シオニストの最も強力な世俗的敵対者であり、離散ユダヤ人を擁護し東ヨーロッパでの（それ以外の地でも）自治を支持した者たちも、独立民族としての地位を信じた。正統派ユダヤ教徒は、ユダヤの民に関する根本的に異なった理解にもかかわらず、その存在を決して疑わなかった。西方の改革派ユダヤ教徒は宗教的共同体であることだけを主張した。その成員はドイツやフランスやイギリスの国籍を有していたが、彼らの異教の隣人はほとんどそれに同意しなかった。ユダヤの民族という観念はいかなる意味においても新奇でも意外でもなかったのである。(15)

〔訳注7〕V・D・サーヴァルカル Vinayak Damodar Savarkar（1884-1960） インドの反英民族運動指導者、ヒンドゥー・ナショナリズム運動家。世界的には無名であるが、インドではよく知られている人物である。テロリズムに関心を示したため、ガンディーからは批判されていた。一九〇四年に急進グループである新生インド協会に関与し、一九〇六年に右翼宗派団体ヒンドゥー・マハー・サバーを結成。一九一〇年に逮捕され、五〇年の長期刑に処せられるが、一九二四年に条件付きで釈放される。ヒンドゥトヴァを提唱したパンフレットは一九二三年に獄中で書かれた。またガンディーの暗殺犯は彼に影響を受けた人物であった。

〔訳注8〕M・S・ゴールワルカール Madhav Sadashiv Golwalkar（1906-73） 民族義勇団RSSの二代目総裁。ヒンドゥー・ナショナリズムの指導者。RSSは現在でもインド全土に支部を持つ最大のヒンドゥー組織であり、ゴールワルカールの時代に組織の充実化が図られ、排外的なヒンドゥー・ナショナリズムが主張されるようになった。

対照的に、ヒンドゥー教徒の独立民族としての地位は、大部分のヒンドゥー教徒たちにはまったく知られていないイデオロギー的構築物であった。その支持者の間でさえ、それは短い歴史しかないものであった。このイデオロギー的な民族の輪郭を描き、その境界を引く際に、ヒンドゥトヴァの理論家たちはかなり極端な種類の宗教的な指標を避けえなかった。例えば、ゴールワルカールは未来のヒンドゥスターンに関する自身の一九三八年の記述において次のように書いている。

非ヒンドゥー教徒の人間は、ヒンドゥスターンではヒンドゥー文化とその言語を採用するか（…）ヒンドゥーの宗教を学び、敬意を払い、崇敬せねばならず（…）ヒンドゥーの人種と文化の賛美以外の、いかなる思想も抱いてはならず（…）一言でいえば、彼らは外国人であることをやめるか、さもなくばヒンドゥー国民に完全に従属し、何物も要求できず、何らの特権にも値せず、ましてやいかなる優遇措置もなく、公民権すらないのだ。(16)

この種のものから公然の宗教的熱狂に至る道筋は容易に見て取ることができる――ネルーのように、そのイデオローグがインドの文化は「混成的」あるいは「諸派統合的」であり、単なるヒンドゥー教ではないと主張する国民会議派ナショナリズムからの道筋はそうでもないが。また、他のすべての人にユダヤ教を崇敬するよう求めるどころか、その唱道者たちすらユダヤ教を崇敬することに関心がない労働シオニズムからの道筋もそうでもないが。なるほど、ヒンドゥトヴァの理論家たちが支持するのと同様の民族と宗教の根本的な絡まり合いをイスラエル国家に体現させたいと考えるナショナリストと正統派ゼロテ派は今日存在する――だからこそ、ユダヤ教がシティズンシップの唯一の基準となるのであり、ユダヤ法が国家の立法を形づくるのである。しかし、サーヴァルカルとゴールワルカールが結びつけようと苦闘したものを分離することが大部分のシオニストの中心的目標なのだ。彼らは、ユダヤ教徒がいかなる離散先の地においても味わえなかったくつろぐことのできる、しかしユダヤ教徒や非ユダヤ人をも平等な市民として包含するような世俗的国家を欲しているのである。

サーヴァルカルは自身を啓蒙の人、世俗的合理主義者と考えたが、ナンディが書き記しているように、彼は「逆説的に、南アジアにおいて民族や国家を形成するために有効な建築資材は宗教のみであるという結論に至った」。彼のようなナショナリズムは宗教的熱狂の双子の暗い方の片割れであった。だが、彼は生涯を通じて「インド政治の傍流に居続けた」とナンディは述べている。[17] では、彼は死後どのようにして中心に躍り出たのだろうか。

民族解放に関するマルクス主義的な見解にとって、それは難しい問いではない。答えは、ネルーの政策は、ネルーとサーヴァルカルの両者が考えていたよりも、サーヴァルカルの政策に近かったというものである。この議論の認めるべき点は認めたいと思う——イスラエルとアルジェリアの場合もである。したがって、原初の聖地シオンに対するユダヤ人の愛はシオニズムの政策の必然的基礎であったことを認めよう。労働シオニズムの活動家たち、彼らはすべて世俗主義者だったが、たとえ彼らが「ディアスポラにおいてわれわれを苦しめたのと同様の伝統がイスラエルの地では一〇〇〇倍の重圧をわれわれに課すだろう」ということに関してヒレル・ツァイトリンに同意するとしても、宗教的感情を引き起こさざるをえなかっただろう。第二章において論じたように、シオンの地への愛がウガンダ計画を不可能にした。それはイスラエル国歌である「ハティクヴァ」の中で力強く表現されており、アラブ市民たちは、それが「イスラエルの地」に対するユダヤ人特有の憧憬を表現しているため、それを歌うことを嫌っている。

アルジェリアにおいても事情は同じである。アラブ人たちは征服民としてマグリブに来たのであり、イスラームはその征服の大義であり、したがってそれはアラブ人による支配のイデオロギー的基礎であった。このことは何世紀も後に、アルジェリア人が自らをフランス人ではないと考え、アルジェリアのフランス共和国への編入に対抗するためのおそらくは決定的な根拠となった。ＦＬＮの政治的に日和見主義的な「イスラームの諸原理」へのコミットメントは、運動の指導者たちが意図した以上に重大なものであっただろう。彼らの女権問題からの退却は確実に、民族解放から信仰復興への「自然な」流れと呼びうるものを示唆している。

したがって、マルクス主義的な説明の中心的主張（多くのリベラルな哲学者はそれに同意するだろう）は、以下のようなものである。すなわち、自分自身を民族的と称そうが宗教的と称そうが、偏狭さは偏狭さである。普遍主義的な立場からは、インドやユダヤ、アルジェリアの世俗的なかたちのナショナリズムと宗教的なかたちのナショナリズムはほとんど区別がつかない。それらは持ちつ持たれつの関係にあり、もし世俗の活動家たちの意図が挫かれたとしても、その挫折は彼ら自身の所業であり、彼らのナショナリズムへのコミットメントの必然的帰結なのである。対照的に、代替説である普遍主義は国際主義へのコミットメントに由来するものであり、それは民族や宗教よりもむしろ社会的諸階級や経済的諸利益に基づいている。

これらのコミットメントはインド史研究者で社会理論家のG・アロイシャス〔訳注9〕によってうまく説明されている。彼は、ナショナリズム運動はまさにその宗教との親近性がゆえに、大衆の成熟と「利害に基づく新しい政治的共同体へと（…）彼らが変異していくこと」を妨げたと論じている。不可触賤民の状況に反対する大げさに自賛されている運動は、「帰属階層制度に対する全面（…）闘争を不可触賤民カーストという少数派のための名ばかりの闘争に格下げした」と彼は書いている。(18) カースト制度がインドにおいて階級政治を困難にしたのであり、そしていまだに困難にしているというのは確かに正しい。しかし、インド全土のサバルタン集団による反乱がいまにも起ころうとしていたのに、国民会議派ナショナリストたちによって不可触賤民の状況に反対する単なる象徴的な運動へと逸らされたという証拠はほとんどなかった。アロイシャスは、インド共産党の創始者でありその最も著名な知識人（彼は一九二八年に党を除名された）であるM・N・ロイ〔訳注10〕が最初に展開した古い議論を繰り返しているのだ。それによると一九二〇年から二二年にかけてのガンディーによる非協力運動が「革命を殺した」のである。ロイは次のように主張していた。民族解放が成功しうるのは、国民会議が「一般大衆の革命的エネルギーを動員」する気になった場合だけである。しかしながら、アロイシャスの「全面闘争」やロイの「革命的エネルギー」が存在していたのは実践よりも理論の中だったのではないかと私は訝る。あるいは、もっと言えば、それらは存在すべきだったのであり、あたかも確かに実際に存在しているかのようにこれらの著作家たちによって召喚されたのである。[19] しかしながら、現実世界でのいかなる解放運動活動家たちも、一般大衆の政治的成熟を当てにしていたので、社会運動に結実することなく孤立した党派にとどまってしまった。

マルクス主義のプロジェクトは失敗したか、あるいは少なくとも、いまだ成功していない。解放運動家たちは大衆が成熟した政治的勢力として出現することによって地位を奪われたことなどない。大衆が存在しないときに、グローバル・プロレタリアートの革命的前衛に取って代わられたこともない。たとえその交代が起こっていたとしても、前衛活動家たちは解放運動家たちと同じ問題に直面しただろう。つまり、彼らは自らがその利益を促進すると主張しているところのまさにその民衆との闘争に陥っただろう。それどころか、彼らの闘争はより激しいものとなったのかもしれない。というのも、前衛活動家たちが承認することのできない、あるいは承認したくないものは普通の人々の宗教的感情だけでなく、彼らの民族的文化的コミットメントもそうだからである。

〔訳注9〕G・アロイシャス Gnana Aloysuis　現代インドについての研究者。インド・ナショナリズムやカースト制度、特にダリットなどについて業績を挙げている。

〔訳注10〕M・N・ロイ Manabendra Nath Roy (1886-1954)　インドの革命家、独立運動家、マルクス主義思想家。一九二二年からコミンテルンのメンバーとして国際労働者運動の第一線にあり、一九二五年にインド共産党を設立するが、スターリンと対立し二九年にコミンテルンを除名される。三〇年にインドに帰国後労働運動に参加した。

人民を結集させようとして、マルクス主義的国際主義者たちは「アルカイックな」感情よりもむしろ普遍的な諸原理に訴えかけたのだろう。彼らの動員の仕方は地域限定的であるよりも世界市民的なものであっただろう。その政策においては、彼らは民族や宗教のすべての境界線を横断して被抑圧者たちの新たな連帯を深めようとした。ヒンドゥー教徒とムスリム、ユダヤ人とアラブ人、アルジェリア人とピエ・ノワール〔訳注11〕は、資本主義と帝国主義のグローバルな枢軸に対抗するグローバルな連合として共同戦線を張ろうとした。ポスト・マルクス主義によるナショナリズム批判ではいまだなお、このグローバルな連合が切望されている。

この連合は魅力的なヴィジョンであり、おそらく世俗主義と啓蒙主義の最も真正な表現である。しかし、それが実現したことは一度もなかったので、われわれは世界市民主義を標榜する革命家たちの失敗について、しばし思いを巡らす必要がある——そして、いかに限定的なものであれ、民族解放の成功についても。革命家たちが単に運に恵まれなかったわけではない。世界のいかなる場所においても、プロレタリア国際主義は、つかの間のことであれ、ナショナル・アイデンティティの形成に取って代わることに成功しなかったのだ。マルクスは階級的利害の重要性に関しては正しかったかもしれないが、階級に基づく政治と民族に基づく政治の魅力の比較に関しては確実に間違っていた。外国による支配はどこの国でも民族の抑圧の形態として経験され、その苦しみはすべての社会的階級が共有していた。そして、外国支配への反抗は階級の境界線を越えたものとなった。反抗が上層あるいは中層階級集団によって始められ主導されていたときでさえ、最終的に労働者や小作農が参加した。世界市民的な解放運動が民族解放の勝利の後にやってくるかもしれないし、やってこないかもしれない——それは答えのない問いのままである。だが、世界市民的な解放運動が最初に来ることは決してないし、それを最初にやろうとする努力は解放のようなものを何ももたらさない。

また、解放活動家たちが政治的独立と主権国民国家を進んで手放すこともない。オーストリア・マルクス主義者たちは、民族文化の価値を認める一方で主権の必要性を否定したとき、国際主義の枠組みの内部でナショナリズムの熱望を調停しようとする最も興味深い試みの一つを行ったのである。したがって、ちょうど民族解放論者たちがある目標、すなわち他の国家と同様の国家を目指しているのと同じように、これらの革命知識人たちもある目標、すなわち他の帝国とは異なるひとつの帝国を目指していた。彼らは政治的イデオロギーとしてのナショナリズムに反対し、多数の民族を単一の政治的単位に結合させることに賛意を示していた。これはまさに昔の帝国が達成したことであった。しかし、オーストリア・マルクス主義が支配も従属もない帝国を目指したのに反して、帝国による民族結合は単一の支配的勢力——オスマン・トルコ、イギリス、フランス、ロマノフ王朝、ハプスブルク家——への従属をも意味していた(20)。

彼らの理論構成のモデルは自らが暮らしていた多民族帝国であった。すなわち、オーストリア＝ハンガリー帝国である。彼らはこの政治的単位を解体したいとは考えず、すべての居住者に対して平等な市民権を与え、以前から帝国の支配下にある諸民族に対して「文化的自律性」を与えることによって、それを変容させようとしていた。ジョン・シュワーズマンテル〔訳注12〕が説明しているように、「各々の民族集団は、民族ごとに分かれた自治行政単位を通じて自分たちの諸事を律することができた」。「混在的な」地域における民族的少数派は、「一定の諸権利を伴う公的団体として彼らの憲法を通じて保障されるだろう(21)」。だが、自治が経済計画に干渉したり、民主主義国家と競合することはない。

〔訳注11〕ピエ・ノワール　Pieds-noirs　フランスがアルジェリアを植民地とした一八三〇年から一九六二年の間、アルジェリアに住んでいたヨーロッパ系植民者のこと。アルジェリア独立時にその多くはフランスへ帰国したが、大部分が都市プロレタリアートであった実情は別として植民地における搾取者とみなされ、本国で差別的扱いを受けた。

〔訳注12〕ジョン・シュワーズマンテル　John Schwarzmantel　イギリスの政治学者。専門は政治イデオロギー論、ナショナリズム論、民主主義理論。リーズ大学上級講師として教鞭をとり、同大学民主化研究センター所長も務めた。

オットー・バウアーが[訳注13]「社会主義の社会においては間違いなく多様な民族結社像（…）と領域的団体像が呈されるだろう。それは同じく多様に複雑な中世社会の組織とも異なるだろうし、中央集権的で原子的な今日の国制とも異なるものになるだろう」と書いたとき、彼は労働者階級が単独で勝利を収めることを否定するつもりも、社会主義経済の建設に異議を唱えるつもりもなかった。「多様な像」は文化的で宗教的な性質のものと意図されていた。つまり、諸民族は「自らの民族文化を自主的に発展させ自由に享受するよう促された」のだが、彼らは自分自身の経済を統制することはないし、自分たち自身の統治（police）を持ちはしない[22]。

バウアーのこのヴィジョンはもうひとつの魅力的なヴィジョンである。今日の東欧を見てみると、民主化し、支配下にある全民族が文化的自律性を持ったオーストリア・ハンガリー帝国であれば、民族解放活動家たち（あるいはもっと言うと、ナショナリズム活動家たち）が生み出した政治的帰結よりも良いものだったことを否定するのは難しいように思われる。同様に、ムスリムとヒンドゥー教徒が他の集団と同じように文化的自律性を持った、民主化した帝国インドであれば、分裂という災厄を免れたかもしれない――それは確実に民族解放が生み出したものよりもましだっただろう。ただ一つ問題なのは、これらのより良い帰結が、実現に必要な政治的支持のようなものを何も受けなかったということである。自律が伝統主義者たちにとって役立ったかもしれないのに、これらの構想は彼らの心に訴えなかった。そしてそれらは、より綿密なプロジェクトを心に抱いていた解放運動家たちの心にも訴えなかった。しかしながら、マルクス主義的国際主義の失敗においておそらく最も重大であったのは、ただ主権のみが民族および宗教集団の文化的生存を（そしておそらくそれらの成員の身体的生存をも）保障し、ただ主権のみが既存の諸国家の社会において完全な平等をもたらしうるという広く共有された信条であった。

だが、実践において国際主義が失敗したからといって、民族解放に対する理論的批判が誤っているということにはならない。とはいえ、「理論と実践の統一」という喫緊の要請に照らせば、われわれはマルクス主義的国際主義に対していまや懐疑的になる必要があるだろう。つまり、実践が失敗したのなら理論に問題があるはずだ、ということである。しかし、〔国際主義による〕民族解放への批判は道徳的批判でもある。それは解放運動家たちが、宗教的熱狂によって特徴づけられているものを含めた、現代ナショナリズムのすべての「暗い」特徴に関して責任を負っているという批判である。非常に多くの民族解放活動家たちが熱狂的なまでに反宗教的であったことを考えると、この批判は正しいだろうか。確かに、インド人、ユダヤ人、アルジェリア人にとって世俗主義が何か新しいものであったということは正しい。また、政教分離は解放運動の政治が人為的に生み出したもの——したがって、人工的なものであったというのも正しい。これらの諸民族の歴史、独立の瞬間、政治活動、連帯、自己犠牲の中に「解放運動の」主題をどのように見いだそうとしても、宗教的な色彩を帯びた出来事や信条に不可避的に頼ることとなっただろう。民族解放運動の集合的な目標は、宗教的な希望や夢と重なり合い、しばしばその言葉づかいで表現された。これらすべての事が正しい。私はすでに「アルカイックな」感情を引き出したのはガンディーだけではないことを認めておいた。

しかしその一方で、世俗主義へのコミットメントは確かに相違を示しており、その相違に注目することは、解放運動のプロジェクトが活動家たちにとって有する価値を認識するため、そしてこの本の最終章で論じるように、このプロジェクトが達成する価値のあるものであると論じるために重要である。そこで、メシアが離散した民をイスラエルの地に帰すというユダヤ教の信仰をいま一度考えてみよう。この結集はシオニズムの中心的な目標となったが、今や

〔訳注13〕オットー・バウアー Otto Bauer（1882-1938）　オーストリア社会民主党の指導者。オーストリア・マルクス主義の指導者として民族問題を論じ、第一次大戦中にロシア革命を経験。帰国後は党内左派の指導者となり、一九一九年には外相となる。その後、社会主義労働者インターナショナル（第二インター）の理論的指導者となる。主著は『民族問題と社会民主主義（Die Nationalitätenfrage und die Sozialdemokratie)』。

それはありとあらゆる政治の有為転変をくぐり抜けつつ、組織や資金調達、外交、妥協、そしておそらく（心を苛む議論の主題である）軍事力の行使を必要とする政治的プロジェクトとして新たに受け取られるようになった。神による救出を待つという考えは最終的に拒絶され、その考えは離散ユダヤ教の奥底にしまい込まれた。(23)

「入植」という宗教的観念に関しても事態は同じである。「一ドゥナムの土地、山羊一匹からこつこつと」というシオニズムの格言は単にこの観念のつまらない表現なのではない。これもまた、いまや人間の努力に着目し、妥協と限定が必要であることを受け入れるよう、変容したものである。この宗教的観念はかの地の分割を認めてはいないが、ドゥナム単位での分割には現実的な可能性があった。もちろん、信仰復興は信仰自体を変容させた。ユダヤ人のゼロテ派が一九六七年の六日戦争〔第三次中東戦争〕の後に入植という実践的行為を始めたとき、彼らはメシアを待っていなかった。むしろ、彼らは（古い宗教的用語で言えば）「終末を押し進めていた」のである。しかしながら、彼らは終末が近いという感覚、メシアの時代の入口にいるという感覚、彼らの所業の成功は神によって保証されているという感覚をもって行動した――これらのことすべてによって妥協や限定という観念など彼らには考えられないものとなっていた。

アルジェリアのFLN活動家たちによる「イスラーム社会主義」支持に関してもまた事態は同じだ――理論が実践に道を譲ったとき、それはクルアーンからのわずかばかりの引用によって飾り立てられたマルクス主義的国家社会主義であることが明らかになった。「イスラームの」という形容詞が〔社会主義という〕名詞を修正することはまったくなかった。FLNのあらゆる声明が約束した「社会的国家」は伝統的なムスリムによる私有財産の容認に挑戦し、アルジェリア国民にシャリーア法への従属は要求しなかった。それゆえ、アンダーソンの議論が示唆しているように、一九八〇年代の信仰復興論者たちは社会的国家あるいはイスラーム社会主義の観念の中に「潜在」していたものに訴えかけることはしなかった。彼らは両者を拒絶したのである。(24)

啓蒙が反啓蒙を可能にしたという主張が正しいのとまさに同じように、解放運動のプロジェクトが宗教的熱狂の復活を可能にしたと論じることは可能である――歴史的には、それは確かに正しい。しかし、解放運動家たちに宗教的熱狂者の責任を負わすことが道徳的に正しいかどうかは疑わしい。イスラエルの地への入植についての〔シオニズム初期と第三次中東戦争以後の〕二通りのやり方の間の差異を無視するのは間違っているだろう。同様に、ガンディーとネルーによる不可触賤民に関する批判がいかに不完全であれ、この批判とヒンドゥー・ナショナリストによる「社会の機能的組織化」の擁護との間の差異を無視することは誤りであるだろう。ヒンドゥトヴァはネルーによる批判の不完全さに潜在していたのでもなければ、それによって生み出されたのでもない。それは民族解放の（部分的）成功から生まれてきたと言った方がより適切である。トーマス・ブロム・ハンセン〔訳注14〕が論じているように、ヒンドゥトヴァは広範な「植民地独立後のインドの政治的領域と公的文化の両方の民主主義的変容」に対する保守的な反応である。(25)彼は平等主義的変容のことを言っているのだと思われる。実際、ヒンドゥー・ナショナリストたちは民主主義を上手く利用し、それは以前は受動的ではっきり意見が言えず旧来の宗教の型通りの生活にコミットしていた信奉者たちを政治的生活に参加させてきた。ヒンドゥー・ナショナリズムの興隆についてのバルガヴァの説明を思い出そう。つまり、「民俗宗教的な（ethno-religious）政治的動員を促す」代議制民主主義の傾向のことである。民族解放が可能にする動員が社会的平等やジェンダーの平等に――実際には解放に――対立しうる、そして（部分的には）対立するようになったということは民族解放の逆説のもう一つの兆候である。

解放運動活動家たちと宗教的熱狂者たちの政治が対照的であるということは別の方法でも叙述しうる。これら三つ

〔訳注14〕トーマス・ブロム・ハンセン Thomas Blom Hansen（1951-）デンマークの文化人類学者。インドにおけるヒンドゥー・ナショナリズムの興隆について論じ、インドにおける宗教的および政治的暴力についての批評で高名。

の民族解放運動のすべては、自らが民主主義的国家と正しい法秩序を創出しようとしていることを主張した。そしてそれらの三つすべてにおいて、民主主義と正義は概して標準的に、つまりヨーロッパ流に理解された。（アルジェリアにおいては、一党独裁国家が東欧流に理解された。）私は民主主義と正義が普遍的理念であるとは直截的に言うつもりはないが、それが大半の活動家たちが信じたことであった。彼らはヨーロッパ啓蒙主義の諸価値を模倣し、それらを普遍的な言葉で表現した。これにより活動家たちは確かに彼ら自身の民衆の偏狭さと対峙した。彼らは自分たちの民族を他の場所で確立された諸原理に適合させようとするナショナリストであった――実際、それらの諸原理に対する彼らのコミットメントはおそらく、マルクス主義の批評家たちのそれよりも強いものであった。（ここでもまた、アルジェリア人は部分的に例外である。）

解放運動活動家たちは諸国家からなる社会に参加することを欲した。それは起源としてはヨーロッパ社会のことであったが、野望としてはグローバル社会を目指していた。彼らは、シオニストたちが言うように、「普通」であろうとした。対照的に、宗教的熱狂者たちは異なった存在になりたがる。彼らは他のすべての国家と同じような国家を目指していない。彼らは特定の宗教的伝統の彼ら自身による解釈あるいは再解釈によって形づくられた国家を欲するのである。だからこそ、彼らは民主主義および人権の模倣的言説と自らが呼ぶところのものに抵抗し、その代わりにヒンドゥー文化や「アジア的価値」、あるいはユダヤ法やイスラーム法を引き合いに出すのである。

同様の対比が民族解放によってつくり出された新しい少数派――インドにおけるムスリム、イスラエルにおけるアラブ人、アルジェリアにおけるベルベル人――の扱いに関してさえも描くことができる。それはマルクス主義者と普遍主義者たちが一見したところナショナリズムを最も激しく批判する領域である。ここまで私は解放運動活動家たちが自分たちの民衆との間に有する緊張関係に着目してきたが、この緊張の源泉の一つは他の民族も平等にしようとする活動家たちのコミットメントである。というのも、そうした「他者」はしばしば伝統的宗教の（そしてのちにナショナリストの）誹謗の対象であったからである。実践においてであれ原理においてであれ、彼らは従属的立場に貶められていた。独立が勝ち取られた後、彼らはどうやって暮らしていけばよいというのだ。

解放運動家たちはまず自身の国家の復興にコミットするが、インドの場合には、この国家は初めからヒンドゥー教徒とムスリムを含むものと想定されていた。国民会議派の活動家たちは、ムスリムが彼ら自身の国家を樹立すべきだというムハンマド・アリー・ジンナー〔訳注15〕の主張を、ちょうど彼らがヒンドゥー・ナショナリストの主張を斥けたのと同じように拒絶した。国民会議派の国家は一つのインド人民のみを含むことを意図されていたが、その人民の「混成的な」性質を考慮すると、それは広く包摂的な国家であることも意図されていた。同様に、労働シオニズムやアルジェリアのFLNによって想い描かれた国家は広く包摂的なものであって、復興した国家の構成員が（イスラエルにおけるアラブ人のような）非成員や（アルジェリアにおけるベルベル人のような）人民内部で新たに認知された少数派とシティズンシップを分かち合うつもりであった。私はどの解放運動家たちもその包摂性において成功していたと論ずることなどできない。世界史上の他のすべての左翼的政治運動と同様に、彼らは不十分であった。だが私が強く主張したいのは、彼らの最初のコミットメントすなわち彼らの政治的プログラムが、その後に登場した宗教的ナショナ

〔訳注15〕ムハンマド・アリー・ジンナー Muhammad ʽAlī Jinnāh（1876-1948）パキスタン建国の父。一八九六年にインド国民会議派に加入したのち、一九一三年に全インド・ムスリム連盟に加わり、一六年には同連盟議長となる。はじめヒンドゥー教徒とムスリムの連携によるインド独立を志し、国民会議派と協力体制をとったが、二〇年のガンディーによる非暴力抵抗運動に反発して会議派を離脱。以降ムスリム連盟の再建に尽力し、四〇年のムスリム連盟ラーホール総会でパキスタンの分離独立を決議させた。一九四七年にヒンドゥー多数派地域がインド連邦としての独立を宣言した同日に、パキスタンは英領インドから別れたパキスタン自治領となり、ジンナーはその初代総督となった。以後、死を迎えるまで、彼は憲法の起草をはじめ内外の政策決定の中心にあった。

リストのそれと著しく異なっていたということである。それらのプログラムは民族解放が何を成し遂げ、何を成し遂げなかったのかということに関する現在も継続中の批判を打ち立てた点で重要である。（アメリカ独立宣言の中の平等に関する文言が、革命家たちが廃止しようとしなかった奴隷制に対する批判をいかに打ち立てたかを考えてみよ。その文言は一九六〇年における公民権運動家たちの活動にとっていまだ重要であった。）

まずはアルジェリアの事例を取り上げよう。FLNは初めから、すべての市民が完全な平等を持つ統一国家構想にコミットしていた。スンマム綱領では、その権利を保障し彼らを国家に包摂することが最も必要とされている未来の少数派としてヨーロッパ人とユダヤ人が挙げられた。（主にカビリア出身の）〔訳注16〕ベルベル人がFLNの指導権を強く握り、綱領を起草する役割を果たしたにもかかわらず、ベルベル人共同体の自治や言語的平等についてはそこでは、あるいは私が知るかぎり他のところでも何も言われていなかった――それは新国家において最も重大な少数派であることが明らかになった。(26) ひとたび独立が勝ち取られ、ほぼすべてのヨーロッパ人とユダヤ人が去ると、最初はベン・ベラの、次はブーメディエンのFLN政権が強烈なアラブ化運動に着手し、あからさまなナショナリズムを掲げつつマイノリティの解放を拒絶した。その結果としてカビリアで短期間の反乱が起こり、そのほぼ二〇年後の一九八〇年代には、ベルベル人の言語、文化、歴史を国家が承認するよう求める、現在も継続中の社会運動の始まりである「ベルベルの春」が起こった。(27)

政権を握るFLNは絶えずこの社会運動を阻止してきた。だが、かつてはか細いものだった解放運動がアルジェリアの政治において発言力を増している。それを体現しているのが一九六二年以後に投獄されるかあるいは亡命し、世俗的民主主義を求めて闘い続けた活動家たちである。ファノンは一九六一年に白血病で亡くなっているためその中にはいないが、生きていたら入っていたかもしれない。歴史的な九人（Historic Nine〔neuf historiques〕）のベルベル人のうちの一人であるオシン・アイト・アフマドは、現在も継続中の解放運動の政治のおそらく最良の代弁者である。

彼は大部分の支持をカビリアから得ている民族政党である社会主義勢力戦線（ＦＦＳ）を指導した。アイト・アフマドは一党独裁国家の設立に反対したため、アルジェリアの独立が勝ち取られるやいなや政府に反対し、亡命した。後年、彼は世俗的、多元主義的、民主主義的政治を擁護したがそれには相当な勇気がいったことだろう。一九九〇年の地方選挙と一九九一年の国政選挙において、イスラミストが国を席巻したとき、カビリアは世俗派の最後の牙城であり続け、選挙ではＦＦＳを強く支持した(28)。

植民地時代、フランスは、アラブ人とは対照的に、ベルベル人をアルジェリアにおけるフランス文化の生まれながらの保有者として、ほとんどヨーロッパ人同様に厚遇した。私はこの茶番劇を続けるつもりはない。アルジェリアのアラブ人であって、本来のＦＬＮの系統を引くことを正当に主張しうる多くの世俗的ナショナリストや民主主義者は、イスラーム過激派に対抗した。しかしながら、世俗的なスンマム綱領の起草において、「アラブ人に対して（…）カビリア人〔ベルベル人〕が主導権を握った」のであり、一九六二年〔アルジェリア独立〕以後、ベルベル人を指導的立場から排除してアラブ化していったＦＬＮ政権は解放のための勢力ではなくなっていた――すでに見たように女性にとっても、それから少数派にとってもである(29)。にもかかわらず、ＦＬＮが設立した国家は世俗的であり、そして、もしいつかイスラーム国家に取って代わられるとすれば、女性の地位は確実にずっと悪くなるだろうし、ベルベル人もおそらく同じである。ベルベル人は良きムスリムである（一二世紀、彼らは北アフリカとスペインにおけるイスラミストであった）が、彼らが誇りとする民族性《エスニシティ》は結局のところ前イスラーム的なのである。

政権を握った労働シオニストは権威主義と流血を避けた点ではＦＬＮよりもましであったが、彼らもまた、平等主義へのコミットメントを実践することができなかった。一九四八年五月に彼らが設立した国家はユダヤ人国家であっ

〔訳注16〕カビリア Kabylia　アルジェリア最北部の地域名。

たものの、同時に世俗的国家であり、民族的少数派や宗教的少数派の諸権利が独立宣言の中で保障されていた。イスラエルはオスマン帝国によって導入されイギリスによって維持されていたミレット制〔訳注17〕を重要な変更なしに引き継いだ。アラブ人キリスト教徒やムスリムは自分たちの言語で執り行われる自分たちの家庭裁判所を有しており、その裁判官はユダヤ教の裁判官がするのと同じように、自分たちの宗教法に従って判決を下す。しかし、この平等主義的な制度は、民族解放（世俗的解放運動家たちは宗教的ミレットをいかなる者にも利さないとみなす）よりは啓蒙帝国主義のおかげなのだが、平等へのコミットメントがほとんど無視されるような社会や経済圏ではそれに類するものは存在しない。差別と無視は、この国家によるアラブ人少数派に対する扱いとして広くみられる特徴でありつづけている。もっとも、厳密な意味でのイスラエル内部においては虐待という最悪の形態は避けられてはいると言っておくのがフェアだろう。アラブ人の政党は自由に活動しているし、非常に多くのアラブ人市民がイスラエルの選挙に投票している（ユダヤ人票の方が数は多いが）。今日のイスラエルにおける宗教的熱狂が労働シオニストのナショナリズムから当然のこととして帰結するものであると主張することはほとんど意味をなさない。むしろ、インドのように、労働シオニストがつくり出した民主主義、さらにはその民主主義と手を携えた強固で一貫した世俗的文化をつくり上げるのに彼らが失敗したことから宗教的熱狂が帰結したのである。ゼロテ派は、不完全にしか「否定され」なかったものの再来を表わしている。「他者」の平等に彼らが反対したのは、初期シオニズムの政治活動を継続したのではなく、それを拒絶したのであり、あるいは少なくとも、その主要な部分を拒絶したのである。(30)

ここで、パレスチナ分割案に関する国連での採決の後の一九四七年末に、イスラエルを最初の三〇年間統治した政党であるマパイの集会で行われた、ダヴィド・ベン＝グリオンの講演を取り上げよう。

われわれは国家に関して、独立に関して、われわれ自身に対する——そして他者に対する——まったき責任に関して考えなければなりません。われわれの国家には非ユダヤ人も暮らすでしょうが、彼ら全員が平等な市民となり、いかなる例外もなくすべてにおいて平等となるでしょう。すなわち、この国家は彼らの国家でもあるのです。国内のアラブ人市民に対するユダヤ国家の態度は、アラブ諸国との良き隣人としての関係を構築する上で――唯一のではないにしても――一つの重要な要素となるでしょう。ユダヤ人とアラブ人の協調に向けて努力するには、われわれがいかなる出来事においてもなさなければならないいくつもの義務を果たさなければなりません。すなわち、国家の全市民の法律上および事実上の完全な現実的平等、アラブ人共同体の経済的、社会的、文化的生活水準の、ユダヤ人共同体との漸進的平等化、行政、裁判所、そしてとりわけ学校においてアラブ人市民が使用する言語としてのアラビア語の承認、村落や都市における地方自治体の保障などであります。(31)

他のイスラエルの政治家たちはここで表明されているものとはかなり異なる立場をとった。だが、これは未来の首相〔ベン＝グリオン〕が自身の政党の側近たちに向けて発した正式な声明である。これは隣国と平和な状態にある国家という解放運動家の理想像として捉えることができる。一九四八年にアラブ五ヶ国の軍隊によってこの新国家が侵攻されたことは、ベン＝グリオンが首相を務める政府の誰一人として彼の叙述した義務に従わなかったことの理由の一つ、おそらくは決定的な理由として見なされなければならない。彼の約束した平等はイスラエルの歴史が七〇年近く経った今も実現されていない。しかし、平等がベン＝グリオンにとって、アルジェリア人のスンマム綱領作成者たちの場合と同じく、民族解放と矛盾せず、民族解放にとって必要でさえあったのは極めて重要なことである。と

〔訳注17〕ミレット制 Millet System　15世紀半ばからオスマン帝国で導入された宗教自治制度。非ムスリムは宗教別に共同体（ミレット）を構成し、一定の制限と納税義務を除いて広範な自治を許され、独自の言語、宗教、風俗、裁判権も認められていた。

いうのは、それは後に登場した伝統的宗教にも宗教的ナショナリズムにも必要とされていなかったし、またそれらと調和するものでもなかったからである。

これらの問題に関するインドでの議論においては、ポスト・コロニアルの著作家たちが主要な役割を果たしているのだが、次の章へ進みその議論へ移る前に、ここで一旦、ベン＝グリオンの一九四七年の講演によく似たある演説と手紙から引用をしてみよう。その演説は新しく建てられた国家の憲法を起草するインド憲法制定会議の開会式で行われた。演説者はその会議の議長であり、のちの初代インド大統領であるラージェーンドラ・プラサード〔訳注18〕であった。彼はムスリム連盟の成員による会議のボイコットにこう応答している。

議事堂に出席しているわれわれは、この集会の多くの席が空席であることを片時も忘れてはなりません。われわれの仲間であるムスリム連盟はわれわれに賛成しておらず、彼らの欠席によってわれわれの責任は増大します。もし彼らがここにいたなら彼らは何をしたであろうかということをわれわれは絶えず考えなければならないでしょう。われわれは彼らがやって来て着席してくれることを望んでいます。しかし、もし不幸にもこれらの席が空席であり続けるならば、誰からの不満の余地も残さない憲法を起草することがわれわれの義務となるでしょう(32)。

次に引用する手紙は、インド・パキスタン分離独立の三ヶ月後に、新たに任命された彼の大臣たちに宛ててネルーが書いたものである。

われわれには、人口があまりに多いために、たとえインド以外の地を求めても、どこにも行きようのないムスリム・マイノリティがいる。これは（…）基本的な事実である。パキスタンによる挑発がいかようであれ、またそこでの非ムスリムに対する侮辱や恐怖がいかようであれ、われわれは、このマイノリティに礼儀正しく接しなければならない。われわれは彼らに安全と民主的国家での市民権を与えなければならない。われわれがそれに失敗すれば、いずれは全政体を毒し、おそらくは破壊する、膿みただれた傷口をもつことになろう。[33]

これらのテクストの中でなされた約束は、インド憲法の文面や独立当初における国の現状を超えるものであり、解放論者の他の約束と同じように、いまだ達成されていないままである。ムスリムのインド人は数多くの正当な不平不満を抱いている。傷口は膿みただれているのだ。だが、私が再度主張する必要があるのは、民族解放に独自の病理が見られうるものの、それらは現代の政治化した宗教および宗教的ナショナリズムが持つ病理と同一ではないし、またその原因でもない、ということである。

あらゆる民族解放運動が試される場は、その次に登場する民族やエスニック・グループないし宗教的集団である。すなわち、ユダヤ人はパレスチナ人によって、アルジェリアのアラブ人はベルベル人によって、インド人は大部分がヒンドゥー教徒からなる彼らの国民国家で暮らすムスリムによって試された。目下のところ、三つの民族のどれもあまり高得点を挙げていない。にもかかわらず、この三つの少数派集団が解放運動家のプロジェクトを模倣することによって、そのプロジェクトの力強さの証拠となる。民族自決と同じく、解放は何度も繰り返されるプロセスである。

〔訳注18〕ラージェーンドラ・プラサード Rājendra Prasād（1884-1963）　インドの初代大統領（一九五〇―六二）。ガンディーの運動に従い、一九二一年にインド国民議会派の運営委員会のメンバーとなり、四八年までに数回議長を務めた。四六年にはインド憲法制定会議の議長に任命され、五〇年には共和国大統領に就任。主著に『分割されたインド（*India Divided*）』がある。

すなわち、どの集合的自我も自らを決定しなければならない。そしてどの民族も自らを解放しなければならない。マルクス主義著作家によって予言されたプロレタリア革命は全人類を一気に解放するのかもしれないが、民族解放は常に部分的であり個別的である。これらの人民は自分自身を解放し、それを傍観している他の人々も同じことをするよういざなわれる。だから労働シオニズムは宗教的熱狂を生み出しはしなかった。あるいはその最も真正な産物はパレスチナの民族解放運動であると言った方がよいかもしれない。同様に、「ベルベルの春」はFLNの政治の最も真正な産物である。そしてまた同様に、インドのムスリム内での解放運動とフェミニズム運動は、インドの混成的民主主義の産物である。このような類の解放を――諸国民のものであれ諸民族のものであれ宗教的諸集団のものであれ――支持するのであれば、その繰り返しも支持しなければならない。そのプロセスが私のところで、あるいはあなたと私のところで、あるいは私たちのところで止まると想像することは馬鹿げているだけでなく道徳的に筋が通っていないだろう。

対照的に、宗教的熱狂の病理は、ヒンドゥー教、ユダヤ教、イスラームの教義を一貫性を欠いた形で適用した結果ではなく、むしろそれを情熱的に首尾一貫させようとすることに由来するものである。もしこれらの宗教運動が欲するものが彼ら自身に対する寛容のみであったならば、彼らは解放を求める民族とほとんど同じようであっただろうし、繰り返しの法則にではないとしても、相互利益の法則に拘束されるだろう。すなわち、あなたが私を寛大に取り扱うなら、私もあなたを寛大に取り扱うという法則である。しかしながら、寛容は熱狂者の欲するものではない。彼らは私が扱った三つの事例のどれにおいても、完全に自分たち自身のものとなる国家の創出を目指した。彼らがこの試みに掛けた情熱は明らかに民族解放に反応したものであるが、それはまた民族解放とは根本的に異なる。

【注】

（1）Yoav Gelber, “Israel's Policy towards Its Arab Minority, 1947-1950,” *Israel Affairs* 19:1（January 2013）, pp. 51-81; Ramachandra Guha, *India after Gandhi: The History of the World's Largest Democracy*（New York: HarperCollins, 2007）, chap. 4〔佐藤宏訳『インド現代史：一九四七―二〇〇七（下）』明石書店、二〇一二年、第四章（九―二〇〇）〕.

（2）T. N. Madan, “Secularism in Its Place,” in *Secularism and Its Critics*, ed. Rajeev Bhargava（New Delhi: Oxford University Press, 1999）, pp. 312-13. マダンの評論の他の部分からも明らかなように、彼はレーニン主義的なネルーに満足していたわけではない。

（3）Chandra Mallampalli, “Evaluating Marxist and Post-Modernist Responses to Hindu Nationalism during the Eighties and Nineties,” *South Asia Research* 19:2（1999）, pp. 171, 173. 私はこの論文に多くを負っており、それは私自身の議論を形成するのに役立った。

（4）例えば、Ber Borochov, “The National Question and the Class Struggle”（1905）, in *Class Struggle and the Jewish Nation: Selected Essays in Marxist Zionism*, ed. Mitchell Cohen（New Brunswick, N.J.: Transaction Books, 1984）, chap. 2 and Cohen's introduction を見よ。また、Yael Tamir, *Liberal Nationalism*（Princeton, N.J.: Princeton University Press, 1993）〔押村高ほか訳『リベラルなナショナリズムとは』夏目書房、二〇〇六年〕.

（5）Amartya Sen, “Secularism and Its Discontents,” in Bhargava, *Secularism and Its Critics*, p. 461.

（6）この雑誌の来歴についての概観や何人かの寄稿者への批判を知るには Sumit Sarkar, “The Decline of the Subaltern in *Subaltern Studies*,” in Sarkar, *Writing Social History*（New Delhi: Oxford University Press, 1997）, pp. 82-108 を参照のこと。

（7）Edward Said, *Culture and Imperialism*（New York: Vintage, 1994）, p. 258〔大橋洋一訳『文化と帝国主義（二）』みすず書房、二〇〇一年、四二頁〕.

（8）Perry Anderson, “After Nehru,” *London Review of Books* 34:15（2 August 2012）, p. 27.

（9）Anderson, “After Nehru,” p. 214〔この参照頁指定は誤りだと思われる〕. この議論の特殊イスラエル版として、David Biale, *Not in the Heavens: The Tradition of Jewish Secular Thought*（Princeton, N.J.: Princeton University Press, 2011）, pp. 185-87 で要約され、議論されている哲学者アディ・オフィルの（ヘブライ語で書かれた一連の評論の中の）業績を参照のこと。オフィルは、ほぼすべての人がシオニズムの起源に遡る根本的分裂と考えている宗教と世俗の二分法は幻想であると主張している。

（10）Anderson, “After Nehru,” p. 27.

（11）B. R. Nanda, *Jawaharlal Nehru: Rebel and Statesman*（Delhi: Oxford University Press, 1995）, p. 113（quoting from Malraux's

Antimemoirs〔竹本忠雄訳『反回想録』新潮社、一九七七年〕).

(12) Mallanpalli, "Evaluating Responses to Hindu Nationalism," p. 188.

(13) V. D. Savarkar, *Hindutva*（New Delhi: Hindi Sahitya Sadan, 2003）, pp. 84, 92, 113, 126.

(14) Mallampalli, "Evaluating Responses to Hindu Nationalism," p. 175.

(15) 反対の見解として Shlomo Sand, *The Invention of the Jewish People*, trans. Yael Lotan（London: Verso, 2009）〔佐々木康之・木村高子訳『ユダヤ人の起源——歴史はどのように創作されたのか』講談社、二〇一〇年〕参照。ザンドは特にユダヤ的なかたちの一般的な議論を提供している。すなわち、その民族は一九世紀の発明だというものである。*Nations and Nationalism in a Global Era*（Cambridge, U.K.: Polity Press, 1995）, chap. 2 におけるアントニー・D・スミスによるこの議論の論駁が説得的であるように思える。Anthony D. Smith, *National Identity*（London: Penguin Books, 1991）〔高柳先男訳『ナショナリズムの生命力』晶文社、一九九八年〕も参照。

(16) Guha, *India after Gandhi*, p. 35〔佐藤宏訳『インド現代史：一九四七—二〇〇七（上）』明石書店、二〇一二年、五九頁〕. Martha C. Nussbaum, *The Clash Within: Democracy, Religious Violence, and India's Future*（Cambridge, Mass.: Belknap/Harvard University Press, 2007）, pp. 160-64 におけるゴールワルカールのイデオロギーに関する議論も参照のこと。

(17) Ashis Nandy, "The Demonic and the Seductive in Religious Nationalism: Vinyak Damodar Savarkar and the Rites of Exorcism in Secularizing South Asia"（Heidelberg University, South Asia Institute, Working Paper No. 44, February 2009）, pp. 5-6.

(18) G. Aloysius, *Nationalism without a Nation in India*（New Delhi: Oxford University Press, 1997）, pp. 181, 185.

(19) M. N. Roy, *The Aftermath of Non-cooperation*（London: Communist Party of Great Britain, 1926）, p. 128; また、Aloysius, *Nationalism without a Nation*, p. 171 を参照。「大衆はバラモンの社会秩序の破棄をやかましく要求し、上位カーストはリベラル的な西洋的カテゴリーを通じてそれをナショナリストのイデオロギーとして生まれ変わらせようと苦闘していた」。実際は、要求の方が苦闘に比べて目に見えにくかった（あるいは耳に届きにくかった）。

(20) Tom Bottomore and Patrick Goode, eds., *Austro-Marxism*（Oxford, U.K.: Clarendon Press, 1978）, chap. 3.

(21) John Schwarzmantel, *Socialism and the Idea of the Nation*（New York: Harvester Wheatsheaf, 1991）, p. 168; また、pp. 156-58 も参照。

(22) Otto Bauer, "Socialism and the Principle of Nationality," in Bottomore and Goode, *Austro-Marxism*, p. 117.

(23) ダヴィド・ベン＝グリオンは時折、シオンの地への帰還についてメシア的な用語で語ったが、彼がこのことについてシオニスト知識人グループに批判されたとき、彼のメシア信仰は世俗的なものであると主張した。それは人間の所業であり、政治的所業であり、永続し、おそらく終わりのないものであると。「われわれはメシアが来ないようにするために彼を必要とするのである」と彼は書いている。Nir Kadar, "David Ben-Gurion's Use of Messianic Language," *Israel Affairs* 19:3 (July 2013), pp. 393-409 を参照。ベン＝グリオンのメシア信仰に関する、それにあまり共感を寄せていない見解として、Mitchell Cohen, *Zion and State: Nation, Class and the Shaping of Modern Israel* (Oxford, U.K.: Basil Blackwell, 1987), pp. 206-9 を参照のこと。

(24) Ricardo René Laremont, *Islam and the Politics of Resistance in Algeria, 1783-1992* (Trenton, N.J.: Africa World Press, 2000), pp. 148-49.

(25) Thomas Blom Hansen, *The Saffron Wave: Democracy and Hindu Nationalism in Modern India* (Princeton, N.J.: Princeton University Press, 1999), pp. 4-5.

(26) Alistair Horne, *A Savage War of Peace: Algeria, 1954-1962* (New York: Viking Press, 1977), pp. 143-46〔北村美都穂訳『サハラの砂、オーレスの石——アルジェリア独立革命史』第三書館、一九九四年、一三一—三五頁〕; "Plateforme de la Soummam pour assurer le triomphe de la revolution algerienne dans la lute pour l'independance nationale," pp. 19-22（ヨーロッパ人およびユダヤ人少数派について）. 綱領本文はインターネットで入手可能。

(27) Martin Evans and John Phillips, *Algeria: Anger of the Dispossessed* (New Haven: Yale University Press, 2007), pp. 122-24.

(28) Evans and Phillips, *Algeria*, pp. 154-55, 169-72; Laremont, *Islam and the Politics of Resistance*, p. 136.

(29) Horne, *Savage War of Peace*, p. 144〔『サハラの砂、オーレスの石』一三三頁〕.

(30) 一九六七年の第三次中東戦争直後の宗教的熱情と移民ナショナリズムの興隆に関する有益な記述として、Gershom Gorenberg, *The Accidental Empire: Israel and the Birth of the Settlements, 1967-1977* (New York: Henry Holt, 2008) と Gadi Taub, *The Settlers and the Struggle over the Meaning of Zionism* (New Haven: Yale University Press, 2010) を参照のこと。

(31) Efraim Karsh, *Fabricating Israeli History: The "New Historians"* (London: Frank Cass, 1997), p. 67.

(32) Aditya Nigam, *The Insurrection of Little Selves: The Crisis of Secular Nationalism in India* (New Delhi: Oxford University Press,

2006), p. 313. プラサードはかなり保守的な国民会議派指導者の一人であった。ネルーの伝記作家の一人は彼を、「中世的精神の陣営内では卓越している」と称している。Guha, *India after Gandhi*, p. 141〔『インド現代史（上）』二一二頁〕.

(33) Guha, *India after Gandhi*, p. 371〔『インド現代史（上）』五三四―三五頁〕.

第四章　民族解放の未来

I

世俗的な民族解放が信仰復興運動に強く対立することを私は強調し、両者の密かな類似性を否定し、熱狂者を解放者たちの必然的な後継者と見なすことを拒否するのだから、私は再度、解放の逆説に向き合い、それが提起する問題に取り組まなければならない。すなわち、なぜ、世俗的解放の指導者や活動家は、自らの成果を確固たるものとし、後継世代に継承者を作り出せなかったのかという問題である。過去数十年にわたってインドの知識人や学者は、この問題の地元版を論じてきた。彼らの中には、「なぜ世俗的インドというネルーのヴィジョンは定着しなかったのか」[1]と問う者がいる。近年の論争の指導的人物は、私がすでに著作を引用したアシシュ・ナンディである。彼は世俗的ナショナリズムとヒンドゥトヴァ――「絶交状態にある双子」――を長い間批判してきた。「世俗主義の政治と宗教的寛容の回復」と題された論考の中で、ナンディは、前近代の多元的で寛容なヒンドゥー教（「ファジー」で融合的）を引き合いに出す。彼によれば、これこそ民族解放活動家が無視し抑圧したものである。彼らの世俗的で近代的な急進主義は、信仰復興的ではあるが近代的でもある病的な反動を生み出した。近代主義は共有されているのである。西洋の国政術理論から学ぶことで、解放のパルチザンと信仰復興のパルチザンは共に、敵対者に対して近代国家の権力を利用することを厭わなかったのだ。(2)

哲学者アキール・ビルグラミ〔訳注1〕は、それゆえにナンディの「ヒンドゥー・ナショナリズム批判はネルー式世俗主義批判のひとつとして意図されている」と記す。ヒンドゥトヴァは「それ自体近代の産物であり、対抗的であると同時に内的に弁証法的な関係を（…）世俗主義と結んでいるおかげでまさに存在しているのだ」(3)。これは、マルクス主義的、国際主義的な批判ではなく、むしろ反近代主義的（ないし反西洋的）な批判であり、インドにおいては著作家たちから広範な支持を得ている。その中には現代のガンディー主義者とみなすのが最も適切な人物もいれば、ポスト・モダニストやポスト・コロニアリストもいる。ナンディが論じるには、ガンディーがヒンドゥー教のモティーフを政治的に利用したことが正当化される理由は、彼のヒンドゥー教が真正のものであったこと――すなわち、それが「近代のイデオロギーの網目の外部にある伝統の内に（…）位置しており」、それゆえ偏狭な政治的動員に利用できないものであったことである。これに対して、ヒンドゥトヴァは根本において真正さを欠いている。ナンディが準軍事的なヒンドゥー・ナショナリスト団体であるＲＳＳ〔民族義勇団〕について書くとき、その筆致は嘲笑的である。

復興的ヒンドゥー教徒が何を復興させようとしたところで、そんなものはヒンドゥー教ではない。ＲＳＳの幹部が着用を義務付けられている軍服のカーキ色のズボンの哀れなまでの滑稽さを見れば一目瞭然だ。植民地警察の制服に範をとったカーキ色のズボン（…）を見れば、ＲＳＳが西洋植民地主義の庶子であることなどすぐに分かる。

ナンディは似たようなことをネルー式の国家についても述べている。彼によれば、こうした国家が自らに課しているのは、「かつて植民地国家が亜大陸の古来の信仰に直面して自らに課したのと同じ、文明化させる使命」[4]なのである。最後の点は確かに正しい。これは民族解放の逆説のもうひとつの例であるが、必ずしもナンディが意図している非難に価するものではない。例えば一八二九年、イギリスがサティー——夫の葬式の薪の山にヒンドゥー教徒の妻を犠牲に捧げる儀礼——を禁止し、独立後、新たなインド政府が禁止令を繰り返したときに示されているのは、私が思うに、「同様の文明化させる使命」なのである。これに対して、ヒンドゥー教の復興運動家や原理主義者はサティーを声高に擁護しており、この場合彼らは真正さを欠いているようには見えない[5]。実際、ナンディの立場の困難は、彼の批判者が指摘しているように、ヒンドゥー教がどれだけ多元主義的で、寛容、「ファジー」なものであろうと、それはヒエラルキー的で抑圧的——とりわけ女性に対して抑圧的——なものであったということにある。ヒンドゥトヴァの興隆は解放運動家の世俗主義に対する応答であると同時に、彼らの平等主義に対する応答である。ブラフマンの覇権、安穏なカースト、女性の生に対する伝統的な圧迫——これらすべては、宗教的多元主義よりも、復興運動家の核心に近いし、おそらくは前近代宗教の核心に近い。民主主義者や自由主義者にとって、古の信仰は政治のアジェンダに関わるものではないし、そうあってはならない。

われわれはまた、インド社会に対する西洋近代および西洋自由主義の衝撃をあまりにも拙速に非難してはならない。「文明化させる使命」は確かに偽善的で、帝国主義のイデオロギーではあるが、現地の活動家にとっては時に有益な刺激でもあった。インド国民会議の最初の議長のひとりであるR・C・ダット〔訳注2〕は、ナショナリズムの運動が起

〔訳注1〕アキール・ビルグラミ Akeel Bilgrami　インド生まれの研究者。コロンビア大学哲学教授。政治哲学以外にも、心と言語の分野でも著作がある。

こった最初期に次のように書き記している。「ライオット［小作農］が教育を受ける権利、無知という束縛から解放される権利、ザミンダール［土地貴族］の圧迫から救われる権利――こうした理念は例外なく、われわれにではなく、われわれの支配者に由来するものである」(6)。より最近では、スミット・サルカール〔訳注3〕は、ポスト・コロニアル研究をマルクス主義の立場から批判しつつ、一九世紀末や二〇世紀初頭の下層カーストによる抵抗や、女性の権利を求める運動は、「きわめて頻繁に（…）西洋的イデオロギーや植民地の法や司法、行政を主要な資源として利用しようと試みた」(7)と指摘した。これらは、現地の（ヒンドゥーあるいはムスリムの）文化においては容易には利用し難い「資源」だったのである。

　これまでの章で論じたように、民族解放は、帝国の支配者から多くを学び、学んだことを解放のために用いた人々の所産である。彼らが立ち向かったのは、帝国支配に対してであると同時に、自民族の間で最も崇められていた慣習や風習に対してであった。解放運動家は「帝国の構造の中にとどまった」。というのも彼らは、指導的なポスト・コロニアル著作家であるディペシュ・チャクラバルティ〔訳注4〕の言葉を用いるならば、「手段として近代国家とそれに付随する制度――フーコーの用語では、統治性の道具――を必要とする」ような「啓蒙的合理主義」(8)を信奉していたからである。しかしチャクラバルティがこれに批判的意味を込めようとしていたならば、彼の本意は捉え難いものとなる。他のいかなる統治性の（あるいは統治性とは無縁な）道具が、不可触賤民を解放し、カースト間婚姻の禁止を終わらせ、長期間定着した女性の生の抑圧を取り除き、宗教的少数派を保護することができただろうか。新たな国民的国家は、これらをどれも、あまりにも不完全なやり方で行った。だがこうした言には、ポスト・コロニアリストが行っているものとはまったく異なった批判の端緒が窺える。

　民族解放には国家主義的コミットメントが含まれていたとか、解放運動家は彼らの民衆の慣習と対立していた、などという言い方は、あまりにも抽象的である。ニューデリーにある開発途上社会研究センターでナンディの同僚であるアディティヤ・ニガム〔訳注5〕はそう書く。これでは、あたかも解放運動家の目標が、彼らの主張していたような「新たなインド人〔の創出〕」ではなく、普遍世界国家の普遍世界市民〔の創出〕であったかのようではないか。ニガムが論じるには、解放運動家のプロジェクトは具体的な文化的内容を持たなかったがゆえに、ブラフマン・エリートの継続的支配のための前線となってしまい、その擁護者はヒンドゥトヴァのイデオローグに対する有意味な抵抗をもたらすことができなかったのである。(9) こうした議論は、アハロン・メゲドがシオニスト世俗主義の失敗と宗教的熱狂の興隆について行った説明のインド版である。「真空はすべて（…）満たされなければならない」というわけだ。しかし、それはインド（あるいはイスラエル）の事例においては公正な議論ではない。独立当初、国民会議派が支配した政府は新たな憲法のために大衆教育への努力を企てた。ネルーと彼の友人は、彼らが実現しようとした自由主義的価値を、精力的に説明し擁護した。

それゆえナンディは、次のように主張すれば正しかったのだ。すなわち、ネルー式の世俗主義の問題は、それがあ

〔訳注2〕R・C・ダット Romesh Chander Dutt（1848-1909）　インドの行政官、政治家、経済史家。インド国民会議派議長。バローダ藩王国財相。一八六九年、初のインド人高等文官となる。経済史家としての著作に『ビクトリア期イギリス領インド経済史』などがあるが、その他にもインド古典の翻訳や小説執筆も手掛けている。

〔訳注3〕スミット・サルカール Sumit Sarkar　一九三九年生まれのインド近代史家。デリー大学歴史学教授を務める。サバルタン研究の創成期に携わる。

〔訳注4〕ディペシュ・チャクラバルティ Dipesh Chakrabarty（1948- ）　ベンガル史研究者。ポスト・コロニアル理論やサバルタン研究にも実績がある。

〔訳注5〕アディティヤ・ニガム Aditya Nigam　開発途上社会研究センター所属の研究者。社会・政治理論家。資本主義化や世俗化といった旧植民地の経験を分析することを通して、ナショナリズムやアイデンティティの問題を扱っている。

まりにも抽象的だったことではなく、むしろあまりにも硬直的にイデオロギー的で、ヒンドゥー（あるいはムスリム）伝統主義に対して挑戦するに際してあまりにも絶対主義的だったことにあったのだ。信仰復興の強さと好戦性を最も上手く説明するのは、世俗を否定する絶対主義である。多くのナンディ批判者もこうした議論をしているので、ヒンドゥトヴァおよびその擁護者を扱うための彼らの提案をもう少し見てみようと思う。その後、イスラエルにおける信仰復興を同様のやり方で扱うことができるかどうかを問うてみよう。

ビルグラミによれば、ネルー政治の致命的な誤りは、彼の世俗主義が「交渉された」ものというよりは「アルキメデス的」なものだったことである。これによってビルグラミが言おうとしているのは、「世俗主義は、政治的なコミットメントが演じられる実質的舞台の外部に位置していた[10]」ということである。地球の外部に立ちさえできれば地球を動かして見せよう、とアルキメデスが嘯いたことを思い起こして頂きたい。民族解放運動家にとって、世俗主義はインド社会を変化させることができる外部の立脚点であった。世俗主義のプロジェクトは社会それ自体から生じたものではなかった。それは国内問題と取り組もうとする議論や交渉の産物ではなかった。ニガムが記しているように、ヒンドゥー（およびムスリム）正統主義は、「社会全般における開かれた論争において打ち負かされたのでは決してない」。ビルグラミが主張するには、世俗主義が交渉されたり公然と闘われたりしなかった理由は、ネルーとその仲間が「［宗教的］共同体の存在や共同体主義者のコミットメントを認め[11]」たがらなかったからなのである。

なぜ認めたがらなかったのだろうか。この問題を理解するためにはわれわれは、解放運動家の立場に内在する深い緊張——私が思うに、他の二つの民族解放運動にも共通する緊張——を認識する必要がある。一方でネルーは、宗教的共同体に未来があるとは思ってもいなかった。宗教的信念、あるいは少なくともそのより熱狂的で「迷信的」なものは、「現実に触れてしまえば消え去る」だろう。独立後ネルーは、階級闘争は生じようが、「宗教それ自体がある種の既得権益を表している場合を除いて」——彼はある種の経済的利益のことを言っている——宗教紛争は生じないだろうと予言していた。彼がいかなるインドを「発見した」のか、われわれは驚かなくてはならない。ネルーは「宗教をあまりにも軽々に捉えていた」[12]とマーサ・ヌスバウム〔訳注6〕が論じるのは確かに正当である。しかし実際には、私がすでに論じたように、信仰の衰退という彼の信仰は広く共有されたものであった。しかしながらそれと同時にネルーはヒンドゥー教およびイスラームの根強さを熟知しており、カーストと経済的ヒエラルキーがほぼ同じものであることを確かに理解していた。それゆえ、彼が宗教的共同体を認めようとしなかったのは、世俗的な盲目のみならず、世俗的な恐怖によって規定されたものでもあった。彼は、それらを認めてしまえば〔逆に〕それを強化することになると恐れていた。私が思うに、こうした二つの見解〔信仰の衰退と根強さ〕は両立可能である。宗教的アイデンティティは明白かつ現在の危険であるが、世俗化は、どれほど避けがたいものであっても、どこか未来に存在するものでしかない。それでもそれらは異なった見解であることに変わりはなく、インドの場合、この違いが特別な仕方で作用したのである。

信仰の風化はもう始まっており速度を増すだろうし、既得権益は挑戦を受けねばならないという想定に立って、新たなインド国家はヒンドゥー法と実務の改革に着手した。独立後直ちに起草された憲法は、不可触賤民制度を廃止し（第一七条）、宗教ないしカーストに基づく差別を禁止した（第一五条）。その後一〇年にわたって、議会は、すべてのヒンドゥー教徒市民に一律に適用される属人的法典〔訳注7〕を制定した。与党インド国民会議の議会指導者の行動は、遅々と

〔訳注6〕マーサ・ヌスバウム Martha C. Nussbaum（1947- ）アメリカの哲学者。法と政治、フェミニズムなど研究領域は多岐にわたるが、国際開発論に関するアマルティア・センとの潜在能力アプローチ（capability approach）を用いた共同研究が特に有名。主著に『女性と人間開発――潜在能力アプローチ』がある。

〔訳注7〕同じ国家の国民であっても、人種や宗教などによって異なる法を適用する考え方を一般に「属人法主義」と呼ぶ。本文でも

した、不承不承のものであり、司法大臣アンベードカルを激怒させたほどであったが、それでも彼らは行動した。新たな法典はカースト間婚姻を許可し、離婚を合法化し、一夫多妻制を禁止し、女子に男子と同等の相続権を付与し、その他多くのことを行った。(13)パルタ・チャタジー〔訳注8〕は次のように記している。解放運動家の目的は「宗教的教説を合理的に解釈するプロセスを始める」(14)ことであった。実際、彼らが行っていたことは、伝統的に宗教的教説と理解されてきたものの大半の「宗教性」を否定することであった。新憲法によれば、各共同体は「宗教事項について自己決定の」権利を有する。しかし国家当局は宗教の狭い定義――あるいはむしろ、ヒンドゥー教の狭い定義――を主張した。「なぜ宗教に生活全般にまでわたるほどの広範な管轄権が与えられるべきなのか、私には分からない」とアンベードカルは述べた。宗教が信仰と崇拝を包含するのは当然である。しかしそれ以外のすべては国家の管轄権の内にある。「結局のところ、われわれは何のためにこうした自由を持っているのか」とアンベードカルは続ける。独立にとって重要なのは「われわれの社会制度を改革することである。それは、不平等、差別、その他のわれわれの基本権と衝突するものに満ち満ちているのだ(15)」。

こうしたことすべては、ヒンドゥー教に関して言われたことだ。どのようなもっともらしい理由づけがなされようと、イスラームの範囲を制限し、ムスリム少数派のための合理化された属人法体系を確立しようとする似たような試みはなされなかった。ネルーと彼の仲間は、イスラーム信仰の強さとシャリーアの権威に挑戦する用意ができていなかった。おそらく彼らは、そうした挑戦が宗教的迫害と見なされるであろうことを恐れたのだろう。こうしておけば、多数派にとっては解放が存在するし、少数派にとっては宗教的自由が存在することになろう――イスラームに認められたのは、まさにアンベードカルがヒンドゥー教に対してあれほど熱心に否定しようとした「きわめて広範な管轄権」であった。実際、どちらの宗教的共同体とも交渉はなかった。国家当局はヒンドゥー法をトップダウン式に改革し、ムスリム法は許容することを決断した。(16)解放運動家の見地からは、このアプローチは大いにヒンドゥー教徒に有利になるものである。社会主義の指導者J・B・クリパラニ〔訳注9〕は、もし議員が「改革熱の対象としてヒンドゥー共同体を選び出すならば、彼らは［ヒンドゥー教徒を］贔屓し、ムスリムの利益に無関心であるという意味で共同体主義者であるという非難から逃れることはできない(17)」と論じた。ヒンドゥー伝統主義者は正反対の非難を加え、贔屓されているのはムスリムの方だと主張した。いずれにせよ、トップダウン式の改革は部分的にしか成功せず、贔屓があったとしても限定されたものであった。

インドが憲法を起草したときハロルド・アイザックス〔訳注10〕は、不可触賤民は法律上は不可触賤民ではなくなったが事実上不可触賤民であり続けていると報告した。彼は一九六〇年代初頭の旧不可触賤民の生活の暗澹たる説明を提供し、一九七三年の後書きで状況はそれほど変わっていないと書き加えた。それ以来、アファーマティヴ・アクションの広範な計画が開始され、旧不可触賤民出身の活動家たちの要求に従ってダリット（「抑圧された」）・コミュニティと呼ばれるようになったコミュニティに属する若者たちに新たな機会が開かれた。ヒンドゥトヴァは一部には、旧不可触賤

説明されているように、インドにおいては不平等を是正する目的で宗教別の属人法が導入され、ヒンドゥー教徒とムスリムの間の不平等や、カースト間差別の解消が試みられた。しかしながら、こうした法的措置がかえって既存の宗教的枠組みを追認・強化し、差別構造の固定化をもたらしているという根強い批判がある。特に、ヒンドゥー教のコミュニティにおいては、宗教的に中立であるべき世俗的国家から、自分たちだけが多大な介入を受けているという不満が強い。

〔訳注8〕パルタ・チャタジー Partha Chatterjee（1947-）　インドの政治学者、歴史学者。従来のエリート主義的な歴史記述を批判し、南アジアの民衆の歴史を掘り起こすサバルタン研究をリードする。

〔訳注9〕J・B・クリパラニ J.B. Kripalani（1888-1982）　インドの政治家、社会主義者。ガンディーの思想に傾倒。

〔訳注10〕ハロルド・アイザックス Harold Issacs（1910-1986）　アメリカのジャーナリストで、アジア問題の研究者。ニューヨークタイムズ入社後、一九三〇年に上海に渡り、記者活動を行う。主要著作に『中国革命の悲劇』など。

民と最下層カーストの両者になされた特別扱い（一定数の公職の確保と福祉の便益）に対する反動であった――これは、カースト間の境界線を維持する結果をもたらした慣行であった。というのも特別扱いを要求する人々は「厳格に選り分けられ特定されねばならない」からである。しかしながら同時に、アファーマティヴ・アクションは伝統的なカースト・ヒエラルキーにとって脅威である。(18)

これらは解放の多義性である。おそらくこれは、ヒンドゥー教徒の女性とムスリムの女性の事例においてとりわけ明らかになるだろう。前者は新民法典の受益者であった。これに対して後者はいまだにイスラーム属人法によって統治されている。一九八五年の有名な裁判（シャー・バーノー訴訟〔訳注11〕）において、裁判官は良き解放運動家の原理に従って行動し、民法上の保護を離婚したムスリムの女性にまで拡大しようとしたが、議会は新ムスリム女性法（一九八六）によって判決を取り消したのである。ここでは誰が贔屓されているのだろうか。ヒンドゥー・ナショナリストの見地からは、新たな立法は、インド国家と国民会議派がムスリム少数派を贔屓するよう大幅に譲歩したもう一つの例であった。ムスリム少数派は（またもや）伝統的慣行の維持を認められたということである。これに対して、全インド民主女性連盟と他のフェミニスト・グループ、すなわち民族解放の真の継承者は、正当にも新たな法律はムスリムの女性をまったく贔屓していないと主張した。一九八六年三月、ムスリム集団を含めた三五の女性組織は、ネルーとその仲間の元々の約束であった統一世俗法典に賛成し、一緒になってデモを行った。(19)

私はこうした事柄をこれ以上追求することはできない。インドの歴史と政治に関する私の知識では、その複雑さを十分に説明することはできないからである。しかしながら、一九四七年以来の政治実践の妥協と混乱を通じて、世俗的解放が伝統的宗教や復興的宗教といかに異なっているかを明確化することはそれでも可能であると私は再度主張したい。女性の従属に関して相違は最も明らかだと思う。ジェンダーの平等への要求は、伝統的宗教に対して最大の挑戦をなすものであり、おそらく私の扱う三つの事例すべてにおいて復興的熱狂を生み出した最も重要な要因である。

国民的なプロジェクトであることがその名から示されている全インド民主女性連盟の構成員は、確かにいかなる意味においても、ヒンドゥトヴァ活動家の片割れではないし、彼らの秘密の分身（secret doubles）でもない。ネルーが一九四〇年代に家族法の領域でムスリム少数派に宗教的自由を認めたからといって、彼がムスリム伝統主義者の片割れになるわけではない。もっとも、ムッラー〔イスラーム学者〕はシャリーアを法的に承認されて満足したのではあるが。これらのペアの双方――民主的女性とヒンドゥトヴァ活動家、ネルー的リベラルとムスリム伝統主義者――は長期にわたって政治的な敵対者であった。いったいどのようにしてこの対立が追求されるべきなのか。ネルーの「アルキメデス的」政治を批判するインド人は、「交渉された」世俗主義を要求する際に、どうしたいのだろうか。

二〇〇四年一〇月、社会主義系雑誌『ジャナタ』は、ムスリム女性の状況に関してニューデリーで行われた会議について報道した。出席者には、フェミニズム活動家とムスリム属人法委員会の（男性）メンバーがいた。もちろん、二つのグループは意見を異にしたが、最も興味深かったのは、「多くの女性参加者がイスラーム的パラダイムの内部から（…）議論を行い、クルアーンを一言一句引用し、ジェンダーの正義を支持する意見を述べるために、預言者に帰せられる伝統を引き合いに出したということである」。こうした女性たちは新興勢力であったと『ジャナタ』の記者は述べる。彼女らは、「社会と伝統から疎外されていると見なされるフェミニストには欠けている道徳的権威[20]」を有していた。

同様の主張は、「ムスリム諸法の下で生きる女性（ＷＬＵＭＬ）」のメンバーに関しても可能である。これは一九八〇年代に、アルジェリアを含む、ムスリムが多数派を占める多くの国々の女性たちによって設立されたフェミ

〔訳注11〕シャー・バーノー訴訟 Shah Bano case　一九八一年にインドールの最高裁で行われた訴訟。ムスリム夫婦の離婚後の扶養手当をめぐるものであったが、国家の刑事訴訟法とムスリムの身分法との関係が問われた。

ニスト組織であり、その活動は、ムスリムが（きわめて人口の大きい）少数派を占めるインドにまで達したのであった。[21] WLUMLのメンバーには宗教的な者も世俗的な者もいるが、その中心的な目標のひとつは、女性の地位に関してムスリム諸法の再解釈を提供することである。彼女たちのプロジェクトにとっては、複数形（「諸法」）であることが重要である。彼女たちは次のように主張する。かねがねクルアーン的法と呼ばれているものは異なる形で理解し制定することができ、宗教的熱狂者が強調するような、学識者によってお墨付きを与えられる単一の権威があるのではないということである。複数形が意味するのは、女性も議論に加わることができるということである。外部に立つのではなく議論に加わることによって、彼女たちは少なくとも、男女を問わず、宗教的ムスリムに耳を傾けてもらう機会を獲得することを望んでいる。彼女たちは、その多くが実際そうであるように、学識を備えるならば、権威となることもできるのである。

アマルティア・センは、公的討議の観念と宗教的差異の尊重が古代インド思想に根差したものであると論じるとき、民主主義者および多元主義者のための、同種の道徳的権威を主張する。彼は多くの例を挙げる。[22] 彼の議論はナンディのものとは異なっているが、彼が挙げる例のいくつかは、両者にとって役立つであろう。センは、重要な近代的観念は近代に発明されたわけではないと主張する。それらは、異なる語彙を用いてであるが、遠い昔に表明されているのである。それらは共通の遺産の一部であって、選択的に拒否しなければならないものもあれば、選択的に再利用できるものもある――そうした選択が可能であるがゆえに、自由と平等に関する西洋的観念はインドにおいても取り入れることができるのである。ジェンダーの正義と民主的多元主義のための最良の議論が、世俗的かつ哲学的な性格を有することは、おそらく真実であろう。しかし、哲学がここでは先行しているのではない。最良の道徳的政治的議論は、説得される必要がある人々が有している伝統文化から引き出されたものか、それと結び付いたものである。そうした文化と関わり合うことは、ネルーの批判者たちが「交渉」という言葉で言おうとしたことである。彼らは、西洋における世俗主義は、キリスト教プロテスタントとの政治的交渉に由来するものであると論じており、それゆえ彼らは、ヒンドゥーおよびムスリム版の世俗的教義――さらには――民主主義の、平等主義の、フェミニズムの教義も――を生み出すかもしれない国内の議論を思い描くのである。

フェミニズム学者ウマ・ナーラーヤン〔訳注12〕は、彼女の著書『文化を転移させる』の中で、こうした議論を理論へと練り上げている。彼女は、ジェンダーの平等への要求が示しているのは「植民地を支配しようとする西洋文化の文化的支配に対する降伏」であるという非難を取り上げている。インドについてのマルクスの記事〔訳注13〕が示すように、こうした非難は傲慢な言葉にもなりうる。良き近代的観念のすべては、西洋の歴史的に進歩した国々に由来する、というわけだ。民族解放運動の多くの指導者たちが西洋化論者であったことは確かに正しい――すでに私は十分な例を挙げている。しかしここでナーラーヤンは、かつて「女権問題」と呼ばれたものにとりわけ関連して、二つの重要な但書を付す。それは第一に、解放運動が始まったとき（インドにおいては一九世紀末）、ジェンダーの平等は西洋においてもほ

〔訳注12〕ウマ・ナーラーヤン Uma Narayan　インド生まれの研究者。社会・政治哲学やフェミニスト理論が専門。ヴァッサー・カレッジ哲学教授。

〔訳注13〕たとえばマルクスは次のように記している。「インドの社会はまったく歴史をもたない。すくなくとも人に知られた歴史はない。われわれがインドの歴史とよんでいるものは、この抵抗しない、変化しない社会という受動的な基礎のうえに、あいつぐ侵略者が帝国をつくりあげた歴史にすぎない。したがって問題は、イギリス人がインドを征服する権利があったかどうかにあるのではなく、インドがイギリス人に征服されるよりも、トルコ人、ペルシア人、ロシア人に征服されたほうがましかどうかにある。

イギリスは、インドで二重の使命を果たさなければならない。一つは破壊の使命であり、一つは再生の使命である。――古いアジア社会を滅ぼすことと、西欧的社会の物質的基礎をアジアにすえることである」（「イギリスのインド支配の将来の結果」、大内兵衛・細川嘉六監訳『マルクス＝エンゲルス全集』第九巻、大月書店、二一三頁）。

とんど支配的なイデオロギーではなかったということであり、第二に、インドのフェミニストたちは、次のように説得力のある議論を行いうるということである。すなわち、平等を求める彼女たちの闘争は、フェミニズムに対するインド的敵意という観念に劣らず、『われわれの文化』内部の経験に根ざしているし、複雑で変わりゆくわれわれの現実を『反映』している」のである。[23] 解放は反復的なプロセスである。それは世界の万人に同時にもたらされるものではない。それは何度も繰り返される。しかしだからといって、後続の闘争はすべて以前に行われた闘争の模倣に過ぎないということにはならない。多くのインドのフェミニストはフェミニズムを西洋で学んだ――ラジクマリ・アムリット・カウルがオックスフォードで教育を受けたことを思い出して頂きたい――しかし彼女たちは、インドの姉妹たちと関わり合う中で、それを自家薬籠中のものにしたのである。

ナーラーヤンの著作は、フェミニズムがインド的起源を有するという主張にとどまらない。彼女はこうしたルーツを涵養することに賛成し、結合され根付いたフェミニズム――すなわち、国民の物語と宗教的伝統に埋め込まれたフェミニズム――を極めて強く正当化する議論を展開する。彼女がわれわれに理解させようとするのは、解放とは常に、共通の歴史に立ち向かう特定の民衆集団の解放だということである。彼女の立場の要約となる見解を引用したい。これは私が本書で擁護する議論にきわめて近いものである。

フェミニストにとって（…）「宗教」や「宗教的伝統」の支配的な見方に、「世俗主義」だけに訴えることで対抗しようとするのは危ういことになろう。実際、多くの宗教的伝統は原理主義者が認めるよりも奥が深い。よって宗教的伝統の人道的で包摂的な解釈を強調することは、多くのコンテクストにおいて、問題のあるナショナリストの目的に適う宗教的言説の展開に反論する上で（…）きわめて重要であろう。[24]

これは屈辱を忍んで勝つという議論ではない。ナーラーヤンは感動的な筆致で、ごく一般の人々が日常生活において民族と宗教にコミットすることの重要性を説く。こうしたコミットメントこそが、自分たちが何者であるかという感覚や、社会的世界に対する自分たちなりの理解を形成するのである。彼女は、こうした人々との誠実で思い遣りに満ちた関わり合いを提案する。そうした関わり合いには、実用的で政治的な理由が存在する。それを拒否すれば、「ナショナリズムの言説に政治的に干渉することが一層重要になっている（…）進歩的なフェミニズムの声を、周縁化してしまう」ことになろう。しかしまた民主的な理由も存在する。ナーラーヤンは、ヴァージニア・ウルフ〔訳注14〕が一九三八年に書いた反ナショナリズムの一節を引用する。「女性としての私には祖国がないのです。女性として、私は祖国が欲しくはないのです。女性としては、全世界が私の祖国なのです」。（ウルフは労働者階級に関するマルクスの議論を読んだことがあるに違いない。）ナーラーヤンはその反対に、女性は祖国を持たなければならないと論じる。彼女たちは同胞市民と運命を共有しているのであり、そうした市民は彼女たちの声に耳を傾ける必要があるのだ(25)。

特定の文化や歴史に特定の仕方で関わり合うこと、すなわちナーラーヤンが要求するような関わり合いは、特定の世俗主義と近代性を生み出す。民族解放活動家たちの大半は、民族的・文化的な差異を反映したわずかな違いがあるにせよ、自らは単一の普遍的な〔世俗主義と近代性の〕型のために闘争しているのだと想定していた。彼らが思い描いていた理想は、ジュゼッペ・マッツィーニ〔訳注15〕のような一九世紀の解放的ナショナリストのものと違いはなかった。マッツィーニは、各民族は普遍的なオーケストラ——ひとつの交響曲を演奏しているのだろう——の中で別々の役割

〔訳注14〕ヴァージニア・ウルフ Virginia Woolf（1882-1941）イギリスの女性小説家、批評家。モダニズム文学の代表的存在で、登場人物の心理分析を掘り下げた実験的な作風の小説に取り組む。主な著作は『ダロウェイ夫人』や『オーランドー』など。
〔訳注15〕ジュゼッペ・マッツィーニ Giuseppe Mazzini（1805-72）イタリア統一運動（リソルジメント）を推し進めた共和主義者。

を有しているのだと考えていたのである。マルクス主義者の見解は、より根本的に単一的なものであった。オーケストラは、民族性と宗教の両方から解放され、美しい自然発生的なハーモニーを奏でる個々人から構成されることになろう、というわけだ。『資本論』の中でマルクスが描き出した工場は、同一の原理に基づいて作動し、もちろん、「普遍的な生産に」従事する。[26] だが、もし近代の世俗的な解放が各民族において、各宗教的共同体において「交渉される」ならば、高度に差異化した宇宙が必然的に帰結する。オーケストラは不協和音に満ち、各民族内部においても、民族間においても、諸民族全体のなかにあっても交渉を要するものになろう――だがこの主題は別の機会にとっておこう。

II

伝統主義的な世界観を否定、廃棄、禁止することはできない。それらと関わり合いを持つ以外ない。私はすでにこうした議論を幾度も行ってきた。それは、古の宗教と従属の文化に対して最も激しく闘争していた解放活動家たちにとって有益な議論でもなければ、彼らにとって受け入れることのできる議論でさえないだろう。当時ほんのわずかな知識人だけが関わり合いをもくろんでいたが、大して支持されなかった。ネルーは自著『インドの発見』をそうした関わり合いの一例だと見なしていたかもしれない。彼がインド史の中に発見したものが古代の複雑で多文化的な(「混合的な」)文明だったことは印象的である。彼はさらに、インド史においては、ヨーロッパ史の多くの時代においてよりも、女性は良い暮らしをしてきたと主張した。「近代の基準から判断するならば、古代インドにおける女性の法律上の地位は悪かったが、古代ギリシャ、ローマ、初期キリスト教、中世ヨーロッパの教会法におけるより、また更に降って比較的近代におけるよりも、はるかに勝っていたのである」[27]。しかし、インド文明を形作るのに――そして、女性の慣習的な役割を決定するのに――これほど大きな役割を果たした宗教的伝統に関して、ネルーは無知もはなはだしかった。また彼は、芸術と文学というインドの豊かな遺産と同様に宗教が重要な役割を果たしてきた自国民の情緒豊かな生活を好まなかった。彼はインドの詩人ラビーンドラナート・タゴール〔訳注16〕を崇敬していたが、「自由な国家は自らを維持するのに、科学的合理性にとどまらない公的な詩が必要だということは、彼は決して理解しなかった(28)」とマーサ・ヌスバウムは書いている。

世俗的な知識人にとってかくも魅力的な文明をネルーが発見(ないし発明)したことは、聖書に書かれたイスラエルをシオニストが発見(ないし発明)したことと幾分似ている。両者とも、解放されなければならない人々の現実の信念や慣行に真剣に取り組まなかった。おそらくそうした関わり合いは、私が挙げた三つの事例のどれにおいても不可能だったであろう。おそらく解放のために最初に必要なことは、ネルーおよびアンベードカルが新インド憲法と民法典において行ったような、世俗法の制定であった。新しい法律の効果が不完全であると分かり、宗教的反動を惹起して初めて、交渉が始まらなければならないのである。

アルジェリアの事例が示しているように、ここではタイミングが重要である。一九八〇年代末にイスラーム救国戦線の指導者たちと交渉するという、シャドリ・ベンジェディド大統領〔訳注17〕の試みが失敗したのは、政権の権威主義的な硬

一八三一年、亡命先のマルセイユで「青年イタリア党」を結成し、祖国イタリアの統一と共和制の樹立を目指した。しかし、試みた蜂起は失敗を繰り返し、最終的にイタリアは君主制国家として統一された。

〔訳注16〕ラビーンドラナート・タゴール Rabindranath Tagore(1861-1941) ベンガル出身の詩人、哲学者。ベンガル語による作品が高く評価されている。一九一三年には、英訳詩集『歌の献げもの』でノーベル文学賞を受賞。政治的には穏健な民族主義者という立場であった。

〔訳注17〕シャドリ・ベンジェディド Chadli Bendjedid(1929-2012) 軍人出身の元アルジェリア民主人民共和国大統領。一九七九年に

直性のためだけでなく、おそらくはＦＩＳの激烈な熱狂のためでもあった。イスラミストたちは、ひとつの真正なる宗教のための決定的な勝利が今や手の届く所にあると信じていた。それ以前、一九六〇年代に、交渉と妥協がまだ可能であったとき、民族解放運動家たちはそれに関心を持たなかった。彼らはムスリムの支持者たちに明らかに小さな役割しか認めず、イスラームの原理をほとんど考慮しなかった。一九八四年〔ウォルツァーは一九八二年と書いているが誤り〕の家族法典の採択は、交渉というよりはむしろ、ＦＬＮの降伏、少なくとも人々がＦＬＮだと思っているものの降伏であって、それは反対派に満足感を与えたに過ぎなかった。「対決してこその戦線だ」とＦＩＳの指導者は述べ、一九九一年の選挙で自党が勝利したら、もう選挙などやるつもりはないと約束した。信仰復興のこの時点では、交渉はおそらく無意味であったろう。「アルキメデスの点」(29)を再び探し求め始めるのも無理はない。

こうして世俗的な自由主義者と民主主義者が直面せざるをえないのは、どうすれば民族解放が民族の継続的生活にとって中心的なものとなりうるのか、どうすれば民族解放はその政治的ヘゲモニーを維持できるのか、どうすればそれを回復できるのか、という問題である。そしてこうした問題は、より大きく一般的な問題に向かわせる。すなわち、世俗的な民主的左派の文化的再生産のどこがいけなかったのか、何がその障害となっているのか、という問題である。

否定するだけでは、解放は成功しえないし、ヘゲモニーは維持できない。それが、三つの問題すべてに回答するための出発点である。ヘゲモニーの最も重要な理論家であるアントニオ・グラムシ〔訳注18〕が記すには、「ヘゲモニーという事実は、ヘゲモニーが行使される集団の利益と傾向を考慮することを前提とし、また、ある種の均衡、すなわちヘゲモニー集団がいくらかの犠牲を払うことを前提とする」(30)。容赦のない断固たる敵対は、解放運動の当初の動員にとって決定的に重要であり、それは、私がちょうどアルジェリアの事例において示唆したように、伝統主義的な反革命に対する世俗的な応答において必然的に現われるだろう。だがそれは創造的な力ではない。それは伝統的なヒンドゥー教徒、ムスリム、ユダヤ教徒の利益を値踏みしていない。そしてそれは必要とされている均衡へと進むことはない。

もちろん、唯一の普遍的な均衡など存在しない。多様な利益と傾向を「値踏みする」ことは、ここで論じられたインドの著作家たちが「交渉」と呼んでいるもののグラムシ版である。グラムシの追随者たちのほとんどは気づいていないが、彼が記述するヘゲモニーは、言葉の通常の強い意味において「ヘゲモニー的」なのではない。それは優越的立場を示してはいるが、妥協の上での優越的立場であり、そこでは支配的集団はその権力の一部を、おそらくはその原理の一部すらも犠牲にする。こうしたプロセスは、まさに「交渉」がそれをもたらすように、異なる解放を、異なる近代を、異なる世俗的調停を生み出すだろう。実際、私は宗教と国家を解きほぐす多様な形式を思い描くことができる。初期の活動家たちの幾人かは、解放が要求するのは宗教を近代の科学的合理性で完全に置き換えることであると信じていたが、これはまったく正しくない。それは確かにある種の宗教改革を要求するが、それはまた解放の改革とみなしてよいものも要求するのである。

Ⅲ

さてここで、私と最も関わりの深いシオニズムの事例を考えてみたい。イスラエルにおいて明らかであるように思

FLNの指名により大統領に就任。アルジェリア大統領としては初めてアメリカ合衆国を訪問した。

〔訳注18〕アントニオ・グラムシ Antonio Gramsci（1891-1937）　イタリアの革命家。ネオ・マルクス主義の源泉とされる。一九二一年イタリア共産党の創立に参加し、その後コミンテルン執行委員としてモスクワに滞在。イタリア帰国後は反ファシズム運動を行うものの、一九二六年に逮捕され獄中死した。獄中で執筆した国家論、哲学等に関するノート（『獄中ノート』）は有名。

われるのは、離散ユダヤ教を否定することが失敗したこと、聖書が示す過去に飛びつくことや伝統の断片に利用可能なものを見出そうとする他の試みが、復興されたユダヤ教に対抗しえないユダヤ的俗悪品しか生み出せなかったことである。ラディカルな新しいものへの要求が引き起こすのは、避け難いことに、ラディカル化された古いものである。ヒンドゥー教やイスラームと同じくユダヤ教についても、昔からある古いものは、世俗的な解放運動家が思い描いたり、宗教的熱狂者が認めたりするよりも、より多元的で、(教義においてはそうでなくとも、儀礼においては)より差異を受け入れるものであっただろう。おそらくはそうである。しかし私は、インドと同様にイスラエルにおいても、そうしたノスタルジアはもはや魅力的ではないと思う。

多くのものを否定する必要があったし、今なおそうである。例えば、伝統的なユダヤ教の臆病さと受動性、宮廷ユダヤ人の役割、ラビの優越的地位、女性の従属である。しかし、否定の作業を続けながらも、伝統を認めなければならないし、ちょうど詩人ビアリクが論じたように、伝統の様々な部品を集めなければならない。すなわち、収集し、翻訳し、新たなるものの文化に組み込まなければならないのである。そうして初めて、伝統的なユダヤ教を腑分けし、その最も重要な特徴——律法と格言、儀式と儀礼、歴史的な物語とフィクションの物語——を批判的に評価することができる。そうして初めて、こうした特徴を受け入れたり拒絶したり、あるいは修正したりできる。そうして初めてそれらは、継続的議論と交渉の主題になりうる。グラムシ的な均衡を構成するのは、議論それ自体とそれに伴う多様な帰結であって、単一的ないしは最終的な、受容と拒絶のバランスではない。私がそうあろうと努めているように、宗教的伝統のラディカルな批判者であると同時に、ユダヤ人(あるいはインドやアルジェリアの人々)のためにその価値を「値踏みする」ことができる。だが「値踏み」にコミットすることは、敵対者の世界について何事かを学ぶことにコミットすることである。否定するのをやめるからといって、受け入れることにはならない。繰り返すが、それは知的かつ政治的な関わり合いなのである。

宗教的な観点からデイヴィッド・ハートマンは、同じことを反対側から行っていると呼んでもよい議論を行ってきた。すなわち、ユダヤ教正統派は解放の成果を「値踏み」し、「人間の尊厳を支持する普遍的な闘争」に加わらなければならない、という議論である。こうしたことは、「ユダヤ教の伝統が自らの関心を表明するための自然なコンテクストであると考える」人々が自ら「平等主義や人権、社会正義[31]」にコミットしないかぎり起こらないだろうと彼は書く。そうした種類のコミットメントは、世俗的なシオニストが思い描くのと同じくらい革新的で革命的なものとなろう。それは修正されたユダヤ法や極めて多様なラビのリーダーシップを生み出すだろう。ハートマンのプロジェクトには、シオニズムの解放が実質的な貢献をなしている。おそらく、こうした互恵的関係は、両者にとって実りのあるものになる。伝統を政治的関わり合いのための「自然なコンテクスト」と見なすことは、(われわれが見てきたように)初期のシオニズムには欠けている。今日、機は熟したと私は論じたい。

シオニズムが政治運動である以上、関わり合うべき最も明白な場は、政治それ自体である。だがシオニズムによる否定は、何よりも、離散中にユダヤ政治が存在したということの否定であった――集合的歴史すらも否定されたのである。ベン＝グリオンは書く。「われわれの最後の民族的悲劇以来」――紀元一三五年[訳注19]のバル・コクバの反乱[訳注20]の鎮圧以来――「われわれは迫害、法的差別、宗教裁判、ポグロム(…)殉教の『歴史』を有してきた」のだが、「われわ

〔訳注19〕通常、135 AD(Anno Domini)と記すところであるが、ここでは 135 CE(Common Era)という非キリスト教徒ならではの表現が用いられている。

〔訳注20〕バル・コクバの反乱(Bar Kochba rebellion)紀元一三二〜一三五年に起きた、ローマの支配に対するユダヤ人の反乱。別名、第二次対ローマ反乱。バル・コクバを指導者とする反乱であった。一三二年にユダヤ側はイェルサレムを占領するもローマに奪還され、イェルサレムは徹底的に破壊されたという。

れはもはやユダヤ人の歴史を持たなかった。というのも民族の歴史とはただ、民族が一体となって創り出すものだけだからだ」。彼はユダヤ人が離散の時代においては何も創り出さなかったとまで主張した[32]。しかし実際には、ディアスポラ期のユダヤ人の内政は、四散した共同体で、強制力もなく、何世紀にもわたって、民族が全体として一つにまとまり続けたのであり、それは人類の政治史の中でも注目に値するストーリーのひとつである。離散の政治は、シオニストたちが姿を現わしたときには衰退しており、伝統それ自体の内部では決して評価されなかった。服従と繰り延ばしに陥り、はるか未来の勝利を夢見ながら、ラビたちはディアスポラの自治権もろくに持たない共同体の成功についてはほとんど何も言わず、そこから引き出されたかもしれない政治的教訓には関心を持たなかった。こうした歴史はシオニズム著作家たちに第一歩を提供しえたかもしれないが、彼らはユダヤ人の共同体生活の頽廃をより有益な主題と考え、古き良き時代についての自らの無知を克服しようと努めることはなかった。彼らのうちの一部の者にとって、「本当の」の民族史ではないという理由で離散の歴史を無視することは、原理原則の問題だったのである。

アハド・ハアムは少なくとも古き良き時代を正しく評価していた。彼は次のように述べる。「賢人たちは、確固たる大地に基盤を持たず宙に浮いた民族体を創出することに成功し、ヘブライ民族精神はこの体の中に住まい、二〇〇〇年にわたって生きながらえたのである」。しかし、離散ユダヤの真の成果――アハド・ハアムは「驚くべき比類なきもの」と述べる――は、「この体」の単一性を失いながらも、四散した断片においてなお生きながらえ、「万人がひとつの生の形式を生き、離れた土地に暮らしても結合されていた[33]」ことであった。こうした素晴らしい言葉は、どうやらインスピレーションを与えるものではなかったようだ。私はシオニズム文献の中に古きユダヤ人共同体の発見を見つけたことなどない。離散の政治がどう機能するのかを理解したり、それを機能させる人々を尊敬したり、その成果を評価したりする集中的な努力を見つけたこともない。離散者たちの共同生活を可能にする法や慣習、慣行や暗黙の理解――確かにこれは、「結集」のための材料であり、共同生活を新たに生み出そうとする運動によって評価されたり、批判されたりするための材料である。実際、離散の経験と離散内解放の経験は、現代イスラエル人に非常に重要なことを教えることになろう。すなわち、いかにして異なるユダヤ人共同体が、他の形式の差異や他の（非ユダヤ人）宗教共同体と並んで、世俗国家という枠組の内部で共存しうるかということである。新たなイスラエル人多数派は、古いユダヤ人少数派の経験から多くを学ぶことになろう。

インドやアルジェリアの場合と同様に、関わり合いが必要になるもう一つの明白な場は、女性の伝統的な従属についてである。これはユダヤ教においては、ヒンドゥー教やイスラームとは異なる形式をとっている——例えば、パルダーという名のベールによるラディカルな隔離にまで達することは決してないが、それでも公的な宗教的、政治的生活における女性の参加を禁じるものであったことがその例である。「新たな人間」を創り出そうとする解放運動のコミットメントは、「新たな女性」を創り出し、伝統的に女性に要求された家父長的権威への従属から女性を解放しようとするコミットメントでもあった。キブツ運動やハガナー、イスラエル軍における女性の現実の地位は、解放運動のイデオロギーと常に一致するものではなかった（し今もそうである）。しかしそのイデオロギー上の立場は明白である。新たな国民国家においては、ジェンダーの平等が存在するだろう——ヘルツルが予言したように、兵役義務における平等さえも存在する。私がすでに描写してきたのは、いかにして信仰復興が平等という、まさにその観念に対して挑戦したのか、そして多くの女性が進んで正統派に戻り、進んで旧来の服従を受け入れたことがどれだけ解放運動家にとって驚くべき予期せぬことであったのかということである。彼らはほとんど同じくらい、ジェンダーの平等があるところではどこでもそれを攻撃する宗教的ゼロテ派の激烈さにも驚いた——解放運動家が用いた変容のための主要な道具のひとつであり、イスラエル政治における（私が挙げた諸事例を混ぜた言い方をするならば）神聖な牛（神聖にして侵すべからざるものの意）であったイスラエル軍さえも例外ではない。

多くの読者にとって平等主義的な議論は明白であろうが、単にこの議論を声を大にして語るだけでは十分ではない。今日、ユダヤ教のあらゆる宗派において、女性信者たちは伝統的言語を用いて平等を支持する議論を行っている——そして、聖書とタルムードの両方を再解釈することで、見事なまでに精緻かつ知的にそれを書き著している。初期の解釈作業の大半が、イスラエルにおいてではなくディアスポラ状態で、とりわけ合衆国において行われたということは、イスラエルにおいて世俗主義者とゼロテ派が生み出した分極化の徴かもしれない。実際、今日ユダヤ系アメリカ人の間での宗教的エネルギーの大半を生み出している女性たちは、ますます多くのユダヤ研究者たちと、より重要なことに、ますます多くの任命されたラビたちからなっている。[34] イスラエルではこのようなことは生じていない。イスラエルでは世俗的なユダヤ人女性はラビになることに関心を持たず、そのようなことを夢見る女性信者もいない（もっとも、私が思うに、そうしたことを夢見始めている者もいる）。

おそらくここでも、われわれはひとつのパターンを見ることができる。「ムスリム諸法の下で生きる女性」の本部はロンドンにあるのであって、アルジェリアやムスリムが多数派を占める国々にあるのではない。同様に、「交渉型」のインド民族解放の支持者たちの多くはアメリカに住んでいる。そして、理由は異なれども、FLNの元々の原理を支持するアルジェリアの活動家たちの多くは、政治的亡命者であったし、今なおそうである。解放が不十分なところでは、それを擁護する知識人や活動家は、解放しようとする国々の外部で長く暮らした元々の擁護者たちとまったくもって同様の状態にある。しかし、伝統と批判的に関わり合うための議論をしようとすれば、彼らは「祖国」に向かわずにはおれない。彼らには、否定と復興のラディカルな両極分解にうんざりした人々に、耳を貸してもらえるチャンスがある。私が論じた三つの事例すべてにおいて、著作家や活動家は、両極の間に割って入るべく闘争している。イスラエルにおいて、そして私が思うにインドとアルジェリアにおいても、最も明瞭な例はアカデミズムの世界に由来する。批判的な関わり合いのプロジェクトは、その成功に不可欠のもの、すなわち強力な政治的表出をまだ発見できずにいる。

私には、例えばシオニストたちが初めから十分に関わり合っていれば、伝統主義的反革命は防げたかもしれないし、民族解放の逆説は克服できたかもしれないなどと論じてきたつもりはない。しかし、早い段階で総力をあげて関わり合っていれば、今日出現しているよりも強力な、反革命に対する応答をなしえたかもしれない。それはシオニズムに、より洗練された、より興味深い、より民主的な文化を提供したかもしれない。そしてそれは、ユダヤ民族解放が最終的に成功する見込みを高めたかもしれない——その見込みを高めることは今からでも遅くはない。

こうした前向きな希望が示唆するのは、この三つの事例に取り組む中でますます私にとって魅力的になっているある見解である。民族解放は、他のどの形式の解放とも同じく、きわめて長期的なプロセスであり、一回の闘争ではなく、何十年にも及ぶ一連の闘争である。宗教的熱狂者と関わっているとはいえ、このプロセスは、（辞書が定義するような）言葉の二つの意味において世俗的である。すなわち、解放とは「現世における」プロセスであり、「永続的な」ものだということである。それはまたもう一つの意味においても世俗的である。すなわち、その結果は、信仰によって——宗教的信仰によっても、イデオロギーによっても——決定されるものではないということである。初期の解放運動家たちは、自らの闘争は単一的で確実な目的を有していると信じていた。だが宗教的な信念と儀礼に批判的に関わり合うことで解放は新たな道を歩むことになる。今や目的は開かれており、根本的に不確実である——いやむしろ、多様な関わり合いと、常に暫定的なものにとどまる多様な結果があるのだと言うほうが良い。多様な結果の価値と魅力は、民族解放にコミットする人々のスタミナとエネルギーにかかっている。彼らは自民族の伝統に念入りに関わり合う一方で、同時にあらゆる伝統主義的な受動性と圧制に対して断固たる反対姿勢を維持しなければならない。

本書において私が描き出してきた課題は私自身の課題でもあった。これら三つを含めた多くの民族はなおも解放される必要があるという私の信念を共有する読者の皆さんもこの課題と取り組むようお薦めする。

【注】

（1） Akeel Bilgrami, "Secularism, Nationalism, and Modernity," in *Secularism and Its Critics*, ed. Rajeev Bhargava（New Delhi: Oxford University Press, 1999）, p. 381.

（2） Ashis Nandy, "The Politics of Secularism and the Recovery of Religious Toleration," in Bhargava, *Secularism and Its Critics*, pp. 321-44.

（3） Bilgrami, "Secularism, Nationalism, and Modernity," pp. 383-84.

（4） Nandy, "Politics of Secularism," pp. 335-36, 324. ＲＳＳは民族義勇団（Rashtriya Swayamsevak Sangh）の略称である。マーサ・ヌスバウムはＲＳＳを、「現代民主主義におけるおそらくは最も成功したファシスト運動」と呼んでいる。Martha C. Nussbaum, *The Clash Within: Democracy, Religious Violence, and India's Future*（Cambridge, Mass.: Belknap/Harvard University Press, 2007）, p. 155.

（5） Uma Narayan, *Dislocating Cultures: Identities, Traditions, and Third World Feminism*（New York: Routledge, 1997）, pp. 72-73〔塩原良和監訳『文化を転位させる――アイデンティティ・伝統・第三世界フェミニズム』法政大学出版局、二〇一〇年、一一七―一一九頁〕. だが、「第三世界の女性に向けられている父権主義的な残虐性を明らかにしこれに異議を唱えうるのは西洋人だけだ」（p. 57〔九二頁〕）という見解に対する彼女の手厳しい警告も見よ。私は以下でナーラーヤンの議論を取り上げる。ナンディのサティー観に対する批判については以下を参照のこと、Radhika Desai, *Slouching toward Ayodhya*（New Delhi: Three Essays Press, 2002）, pp. 85-89.

（6） G. Aloysius, *Nationalism without a Nation in India*（New Delhi: Oxford University Press, 1998）, p. 113.

（7） Sumit Sarkar, "Orientalism Revisited: Saidian Frameworks in the Writing of Modern Indian History," *Oxford Literary Review* 16:1-2（1994）, p. 214.

（8） Dipesh Chakrabarty, "Radical Histories and the Question of Enlightenment Rationalism: Some Recent Critiques of *Subaltern Studies*," *Economic and Political Weekly* 30:14（8 April 1995）, p. 756.

（9） Aditya Nigam, *The Insurrection of Little Selves: The Crisis of Secular Nationalism in India*（New Delhi: Oxford University Press, 2006）, pp. 60, 73, 310-12.

(10) Bilgrami, "Secularism, Nationalism, and Modernity," pp. 394-95.

(11) Nigam, *Insurrection of Little Selves*, p. 320; Bilgrami, "Secularism, Nationalism, and Modernity," p. 400.

(12) T. N. Madan, "Secularism in Its Place," in Bhargava, *Secularism and Its Critics*, p. 311; Nussbaum, *The Clash Within*, p. 118.

(13) 本パラグラフおよび以降のパラグラフにおいて、私は以下の文献に依拠している。Gary Joseph Jacobsohn, *The Wheel of Law: India's Secularism in Comparative Constitutional Context*（Princeton, N.J.: Princeton University Press, 2003）, pp. 95-112; Ramachandra Guha, *India after Gandhi: The History of World's Largest Democracy*（New York: HarperCollins, 2008）, pp. 224-48.

(14) Partha Chatterjee, "Secularism and Tolerance," in Bhargava, *Secularism and Its Critics*, p. 360.

(15) Jacobsohn, *Wheel of Law*, pp. 98-99.

(16) しかし、スタンリー・J・タンビアが「インドにおけるムスリムに対するネルーの態度には、寛大で相手にきちんと合わせようとするところがあった」と認めていることも参照せよ。Tambiah, "The Crisis of Secularism in India," in Bhargava, *Secularism and Its Critics*, p. 424.

(17) Chatterjee, "Secularism and Tolerance," p. 361.

(18) Harold R. Issacs, *India's Ex-Untouchables*（New York: Harper and Raw, 1974）, 特に第三章および第八章。インドにおける「埋め合わせ的差別」の最も包括的な説明については以下を参照。Marc Galanter, *Competing Equalities: Law and the Backward Classes in India*（Berkeley: University of California Press, 1984）.

(19) 全インド民主女性連盟（All India Democratic Women's Association）のウェブ・サイトを見よ。共産党と提携した組織として設立されたＡＩＤＷＡは、今日では独立左派の一部であると自己規定している。

(20) Yoginder Sikand, "Debating Muslim Women and Gender Justice," *Janata* 59:37（24 October 2004）, pp. 9-11.

(21) ＷＬＵＭＬの活動の記述については以下を参照のこと。Madhavi Sunder, "Piercing the Veil," *Yale Law Journal* 112:6（April 2003）, pp. 1433-43. インドにおけるこの組織の活動の説明については以下を参照のこと。Asghar Ali Engineer, "Muslim Women and Modern Society," *Janata* 58:47（14 December 2003）, pp. 7-8.

(22) Amartya Sen, "Democracy and Its Global Roots: Why Democratization Is Not the Same as Westernization," *New Republic* 229 (6 October 2003）, pp. 28-35.

（23）Narayan, *Dislocating Cultures*, pp. 17, 30-1〔『文化を転位させる』二三一—二三三、四二頁〕.

（24）Narayan, *Dislocating Cultures*, p. 35〔『文化を転位させる』五〇頁〕.

（25）Narayan, *Dislocating Cultures*, p. 37〔『文化を転位させる』五二頁〕. ウルフの引用は『三ギニー』（一九三八）〔出淵敬子訳『三ギニー――戦争と女性』みすず書房、一六三頁〕からである。

（26）*The Living Thoughts of Mazzini*, ed. Ignatio Silone（Westport, Conn.: Greenwood Press, 1972）, p. 55; Karl Marx, *Capital: A Critique of Political Economy*, ed. Frederick Engels（New York: International Publishers, 1967）, vol. 3, p. 383〔向坂逸郎訳『資本論（七）』岩波書店、八七頁〕.

（27）Jawaharlal Nehru, *The Discovery of India*（New Delhi: Penguin Books, 2004）, p. 118〔辻直四郎・飯塚浩二・蠟山芳郎訳『インドの発見（上）』岩波書店、一九五三年、一四九—一五〇頁〕.

（28）Nussbaum, *The Clash Within*, p. 119.

（29）Ricardo René Laremont, *Islam and the Politics of Resistance in Algeria, 1783-1992*（Trenton, N.J.: Africa World Press, 2000）, chap. 7; Martin Evans and John Phillips, *Algeria: Anger of the Dispossessed*（New Havens: Yale University Press, 2007）, pp. 146-53.

（30）Chantal Mouffe, "Hegemony and Ideology in Gramsci," in *Gramsci and Marxist Theory*, ed. Mouffe（London: Routledge and Kegan Paul, 1979）, p. 181.

（31）David Hartman, *Israelis and the Jewish Tradition: An Ancient People Debating Its Future*（New Haven: Yale University Press, 2000）, pp. 164-65.

（32）Amnon Rubinstein, *The Zionist Dream Revisited: From Herzl to Gush Emunim and Back*（New York: Schocken, 1984）, p. 7.

（33）Ahad Ha'am, "Flesh and Spirit," in *Nationalism and the Jewish Ethic: Basic Writings of Ahad Ha'am*, ed. Hans Kohn, trans. Leon Simon（New York: Schocken, 1962）, pp. 203-4.

（34）アカデミズムの世界におけるユダヤ人女性の関わり合いについてはLynn Davidman and Shelly Tenenbaum, eds., *Feminist Perspectives on Jewish Studies*（New Haven: Yale University Press, 1994）を参照のこと。フェミニズムがユダヤ教の伝統に関わり合った三つの重要な例については以下を参照のこと。Judith Plaskow, *Standing Again at Sinai: Judaism from a Feminist*

Perspective (New York: HarperCollins, 1990) ; Rachel Adler, *Engendering Judaism: An Inclusive Theology and Ethics* (Philadelphia: Jewish Publication Society, 1998) : and Judith Hauptman, *Rereading the Rabbis: A Women's Voice* (Boudler, Colo.: Westview Press, 1998) .

ポストスクリプト

二〇一三年にイェール大学で民族解放についてのレクチャーを行ったとき、教員や学生たちからの質問のうち半分近くは、インド、イスラエル、アルジェリアについてではなくアメリカに関するものであった。〔例えば〕（インドとイスラエルにおける帝国主義的支配者に対するのと同じような）民族解放のための闘争はアメリカには存在しなかったのか。また際立った信仰復興――第二次大覚醒〔訳注1〕――に続く三〇年余りの年月はそうではないのか。しかし〔このような疑問に反して〕憲法および最初の修正条項によって打ち立てられた世俗的国家は決して挑戦を受けることはなかった。世俗的な政治制度は生き残り、復興主義者の時代でさえ栄えたのである。これはアメリカ例外主義〔訳注2〕の別の事例を意味

〔訳注1〕大覚醒 the Great Awakening　米国における信仰復興運動の別称。第一次大覚醒は一八世紀半ばに起こり、ジョナサン・エドワーズやジョージ・ホイットフィールドに代表される。この信仰復興の高まりは各邦や各教派の垣根を越えて広がり、アメリカ革命を準備したともいわれる。また第二次大覚醒は一八二〇年―三〇年代を中心に起こり、西部へ向かい、野外伝道を行ったバプティストやメソジストなどの教派が爆発的に増大した。

するのだろうか。二〇世紀の解放主義者の政治との類似および差異を探ることで、この問いに対する簡潔な答えを試みよう。

物語の大部分を占めるのは差異の方である。民族解放闘争の名に値するように思われるとしても、アメリカ革命はそのようには決して呼ばれないし、またこれまで描いてきたどのモデルにも当てはまらない。この革命は民族解放の事例ではないのである。離散の地であれ、故国においてであれ、旧民族などアメリカにはいなかったし、部分的には伝統的性格によって、部分的には外国の抑圧への反応として受動的で、上下関係的で礼節を重んじる宗教文化などなかったからである。革命家たちは「新しい」アメリカ人を作り出しはしなかった。アメリカ人はすでに新しかったのだ。古くはルイス・ハーツが論じたように、大西洋を越えた航海は、彼らの解放運動であったし、少なくともその始まりであった。[1] それゆえアメリカの植民地居住者は、二〇世紀のインド、ユダヤ、そしてアルジェリアの活動家が、自分たちが解放しようとした人をそう記述したようなステレオタイプとは異なる。アメリカ人は無知でも迷信的でも奴隷でもなかったし、臆病でもなかった。彼らは文化的解放のための闘争を経ずともすでに自由だったのである。

多くのアメリカ人は宗教的であるが、彼らの宗教はまた（大部分）新しいものであり、それ自身がプロテスタント宗教改革の内部ないし周縁で進展してきた解放主義的運動の産物である。世俗国家における宗教的自由という思想はそれでもラディカルで革命的な教義であったが、しかし旧来の正統な伝統を否定する必要はなかった。そのような伝統もまた旧世界に置き去りにされたのである。公定教会は植民地にも存在したが、〔旧世界のものとは〕異なるし——例えばヴァージニアのアングリカン[訳注3]、マサチューセッツの会衆派[訳注4]——またその体制は不安定で、革命以前に生じた第一次大覚醒の福音派的信仰復興によって、また「植民地との和解決議の提案に関する演説」でエドマンド・バーク[訳注5]が「不同意の不同意」と呼んだものによって掘り崩され、弱体化させられていた。[2] 確固としたプロテスタントの正統主義を打ち立てようとする試みのすべては、宗教改革に由来する宗教が持つ分裂しがちな性格によって頓挫させられた。大覚醒によって生まれたセクトは特に不安定であり、「スピリチュアリティの新しく、よりラディカルな形態を表明するメンバーが現れるとただちに分裂した」[3]。このようなグループのだれもが邦[訳注6]権力を他の集団のために使うことを受け入れなかったし、ましてや旧来の公定教会のために使うことを良しとしなかったので、彼ら〔セクト〕は〔公定教会が支配する〕邦が強要する敬虔さの敵となった[4]。世俗国家の思想は将来のアメリカ共和国の市民（の多く）が抱く最も深い確信や感覚と齟齬をきたすようなものではなかったのである。

私は教会と国家の憲法上の分離が宗教的な要因によって引き起こされたと示唆するつもりはない。それは啓蒙主

〔訳注2〕アメリカ例外主義 American exceptionalism　発展の歴史的過程において形成された特色ある政治制度や宗教制度を重視することで、アメリカを他の先進諸国から区別された特異性のもとで理解しようとする思想。時にアメリカの先進性を強調するために用いられる。

〔訳注3〕アングリカン Anglican　一六世紀にヘンリー八世による改革によって誕生したイギリス国教会。使徒継承を重視する点でローマ・カトリックに近いが、教皇のような単一の支配者を認めず、聖人崇拝もしない点で異なる。アメリカには独立革命後まで「主教」が置かれなかった点は注目に値する。

〔訳注4〕会衆派 Congregationalist　教会員、つまり会衆全体の合意に基づく教会政治を重視する教派。「組合派」とも。またいわゆるピューリタン革命時には独立派とも呼ばれる。バプティストも会衆制をとるが幼児洗礼や浸礼以外の洗礼方式を認める点で異なる。

〔訳注5〕エドマンド・バーク Edmund Burke（1729-1797）　アイルランド出身の政治思想家、哲学者。主にイギリスで活動し、ホイッグ党に所属していた。フランス革命に対しては否定的態度を取り、対仏戦争を支持したことで知られる。主著は『フランス革命の省察』。

〔訳注6〕植民地時代の state は「邦」と訳した。それと対応するかたちで established church あるいは establishment は「公定教会」と訳した。

義の所産であり、ジョン・アダムズ〔訳注7〕が記したように、その設計者たちは一度たりとも「天国の霊感の下にあったわけではない」(5)。しかし、分離〔というアイディア〕を福音主義プロテスタントは宗教的理由から強く支持していた。バプティスト〔訳注8〕の牧師であるアイザック・バッカス〔訳注9〕は、公職のために宗教上の審査を行うことを禁じる憲法第六条〔訳注10〕を擁護する文章で、かなりの程度まで共通の議論の土台となるものを作り上げた。つまり、「宗教が神と個人との間のものであることは、理性と聖書においても最も明白である。それゆえ人間は我らが主イエス・キリストの大権を犯すことなしに宗教上の審査を課すことはできないのである」(6)。

　アダムズとバッカスの例から明らかなように、革命家たちはすべてが同じテキストに基づいて行動しているのでも、同じ立場にあるわけでもない。政治的指導者は間違いなく福音主義のプロテスタントではなかった。彼らのうち幾人かは理神論者であり、また幾人かは単に熱意のないキリスト教徒であったと言えるだろう。なぜ憲法の前文に神についての言及がないのかと問われたとき、アレグザンダー・ハミルトンはこう答えたという。「ああ、忘れていたよ」(7)。西洋《ウエスト》を見やるのに東に目を向け《ルック・イースト》ねばならない位置関係にあったにしろ、この本で描いてきた多くの解放主義者のようにアメリカ人たちもまた「西洋化主義者〔訳注11〕」であったし、フランス啓蒙やスコットランド啓蒙の著作家たちについて研究していた。しかし、ジェファソン、アダムズ、ハミルトン〔訳注12〕のような指導者、彼らの友人、同僚、そしてその政敵たちが作りあげたのは、かなり薄いアメリカ社会の「合理主義的で懐疑的な外皮《クラスト》」であった(8)(ここで読者はラジーヴ・バルガヴァがネルーとインド国民会議派指導部の者たちを「民族運動を率いた小数の上位層《クラスト》」と描写したことを思い出すだろう)。これとは対照的に、T・H・ブリーン〔訳注13〕が「アメリカの反乱者」と呼ぶところの人々の大多数は理神論者ではなかったし、決して宗教的に堕落していたわけでもなかった。彼らは政治問題に関しては別だが――ジョン・ロックが広く読まれ、引用されたことは明白である――特に「啓蒙されている」わけではなかった。多くのアメリカ人は信心深く、敬神的な熱意を持ってさえいたのである(9)。

しかし、われわれが後の民族解放の闘争で見出した対立、すなわち一方に啓蒙的な知識人と活動家、他方に宗教的な民衆という対立は、アメリカの事例では見られない。これは部分的には、世俗的な憲法とイエス・キリストの大権を同時に擁護するバッカスのケースによって例証されたプロテスタントの宗教的特徴から説明される。しかしそれはまた、プロテスタントの社会学とでも考えられるところのものからも説明がつく。ラディカルな個人主義が〔宗教的な〕分離、分裂、離脱者を生んだ。そして絶えざる亀裂の最終的結果が教派的多元主義なのであり、それはアメリカ

〔訳注7〕ジョン・アダムズ John Adams（1735-1826）アメリカ合衆国第二代大統領。建国の父の一人で、独立戦争時は対外交渉において重要な役割を果たした。女性の権利や奴隷制の是非を問うなど、進歩的知識人であったことでも知られる。

〔訳注8〕バプティスト Baptist　幼児洗礼を否定し、浸礼を重んじる教派の一つ。二つの系譜を辿ることができ、一つはメノナイト派への転向に反対して結成された普遍贖罪主義に立つ集団、もう一つは独立派から分離した特定贖罪主義に立つ集団に遡ることができる。アメリカでは特定贖罪主義に立つグループが主流となり、「フィラデルフィア信仰告白」を採択。その後、第二次大覚醒を機に西南部へと拡大した。

〔訳注9〕アイザック・バッカス Isaac Backus（1724-1806）独立戦争期に活躍したバプティスト派の指導者。幼児洗礼の否定によって、国教主義に基盤を置くニューイングランド・ピューリタニズムの契約神学に挑戦した。

〔訳注10〕合衆国憲法第六条第三項では次のように記されている。「（…）ただし合衆国のもとでのいかなる公職または公の信任についても、その資格要件として宗教上の審査は課されてはならない」。

〔訳注11〕トーマス・ジェファソン Thomas Jefferson（1743-1826）建国の父祖の一人で第三代アメリカ合衆国大統領。独立宣言の起草者とされる。アメリカにおいて共和主義を推進したほか、政教分離主義の支持者でもあり、信教の自由化に賛成していた。

〔訳注12〕アレグザンダー・ハミルトン Alexander Hamilton（1755-1804）合衆国建国の父の一人であり、憲法思想家、哲学者。「法の支配」を基調とした合衆国憲法の起草者としても知られる。独立戦争においては、ジョージ・ワシントンの副官を務めた。一八〇四年に、ジェファソン大統領のもとで副大統領も務めた法曹界のライバルであるアーロン・バーとの決闘で銃弾を受け死亡。

〔訳注13〕T・H・ブリーン T. H. Breen（1942- ）アメリカの歴史学者、政治思想史家。アメリカ独立戦争期の歴史が専門。

における宗教をインド、イスラエル、そしてアルジェリアにおける伝統的な正統派とは異なったものにしているのである。多元主義はアメリカのプロテスタントを後押しして寛容や、公定教会制度の否定、分離主義へと向かわせたのである。

ハンナ・アレント〔訳注14〕はアメリカ革命を、彼女が信じるところの社会革命ではなく政治的革命であったがゆえに賞賛した──〔それは〕抑圧された労働者や小作農ではなく、市民権を拒絶された市民たちの蜂起であった(10)。彼女はおそらく正しいが、社会革命の不在を常に賞賛する彼女の観点を〔後段で〕論じていくことになろう。主人と奴隷、男性と女性との間により根源的な不平等があったが、そのどちらも革命期において問題とはならなかった（もっとも、道徳的に一貫した革命家の幾人かは奴隷制を問題にすることを試みたのだが）。しかしそれに加えて植民地には社会的で経済的な不平等が存在した。上下関係的特権を主張した幾人かの聖職者、特にアングリカンの聖職者がいたし、地主的な植民地貴族と重商主義的な植民地貴族のようなもの、そのどちらもが存在した。富める商人は土地を買い漁り、自身を「本物の」貴族に仕立て上げようとしたのだ。しかし植民地のエリートは出身国を不十分に真似ていたのであり、階級分裂はイングランドより深刻ではなかった。ゴードン・ウッド〔訳注15〕は、アメリカの貴族の弱さを「優雅さの相対的欠如、貴族に参入する道が広く開かれていること、古典的な政治的指導者像にならって実践する能力の欠如、すぐに挑戦したがること」であると描いている。ブリーンは「同時代のヨーロッパの基準で見ると、白人植民地は驚くべき社会的平等を享受していた(11)」と結論付けている。

それでも金持ちのアメリカ人はいたし、貧困の中で生きるアメリカ人もいた。ここでいう「平等」とはおそらく物質的なものというより態度に由来するものであったが、この態度は著しく目立ち、日常生活のなかに表れたのである。植民地の貴族の家系は歴史が浅く、彼らの同胞からの尊敬をほとんど要求しなかった。例えばマサチューセッツ総督のハッチンソン〔訳注16〕は、「紳士」が迎えられる際に、その下の階級の者から「当然の礼儀作法」すらも示されないことについて嘆いていた。ヨーロッパからの来訪者たちは地位と富への服従を嫌がるアメリカ人の性質を発見した――彼らは無礼であり、傲慢であるとみなしたのである。ある意味で、アレクシ・ド・トクヴィル〔訳注17〕が書いたように、アメリカ人は自由であると同時に「生まれながらにして平等(12)」であった。

平等主義的な感性は次の問いへとわれわれの目を向けさせる。すなわち、大規模な社会革命のようなものが初期アメリカ史になかったのはなぜかという問いに関する最も重要な説明がそれである。新世界において、革命家たちは（大部分の）同胞の社会的意識や日常の文化に挑戦する必要も変革を試みる必要もなかった。故郷を離れ、大西洋を

〔訳注14〕ハンナ・アレント Hannah Arendt（1906-1975）二〇世紀最大のユダヤ系女性政治学者、哲学者。若くしてハイデガー、フッサールなどに学ぶが、ナチスによるユダヤ人迫害を受けてパリへ亡命しシオニズム活動にも参加した後、アメリカへ亡命した。膨大な著作を残すが、特に全体主義についての主著である『全体主義の起源』や『人間の条件』、ユダヤ社会に論争を巻き起こした『イェルサレムのアイヒマン』が有名。

〔訳注15〕ゴードン・ウッド Gordon Wood（1933- ）アメリカの歴史学者。合衆国建国期の歴史が専門。ハーバード大学にて歴史学者のバーナード・ベイリンに師事する。アメリカ思想における自由主義的解釈に対抗して、主著である『アメリカ共和国の創造』では共和主義的解釈を提示し、アメリカ建国期の思想状況を描きだした。九三年にピュリッツァー賞受賞。

〔訳注16〕トーマス・ハッチンソン Thomas Hutchinson（1711-1780）イギリス植民地時代のロイヤリスト派政治家、実業家。植民地史についての多数の資料を収集する歴史家でもあり、マサチューセッツ植民地の歴史についての著作を残したが、独立の機運が高まる中でジョン・アダムズをはじめとした独立派と税法をきっかけに対立し、事実上の追放処分をうける。

〔訳注17〕アレクシ・ド・トクヴィル Alexis de Tocqueville（1805-1859）ノルマンディーの名門貴族出身の政治家、歴史家。アメリカへの視察を経てアメリカ的な民主主義思想について『アメリカのデモクラシー』にまとめた。そのアメリカ解釈はハーツをはじめ多くのアメリカ研究者に大きな影響を与えた。また母国フランスで裁判官、政治家として活躍した。政界引退後、二月革命期を題材にした『旧体制と大革命』を著した。

横断するために必要とされた活力は、服従と繰り延ばしの文化、ないしは聖職者や貴族という目上の者たちへの服従の文化を予め排除していた。すべての人が〔大西洋を〕渡ったのである。新しいアメリカ人の自信に溢れた積極行動は、新大陸の先住民に対する酷たらしい接し方へと結びついた。しかしそれは世俗主義者と宗教者の国内での酷たらしいぶつかり合いに厳密な制限を課した。教会的上下関係と社会経済的上下関係の脆弱さが、反教会的で反貴族的な政治を比較的容易にしていた。後の革命家と民族解放主義者の憤りは完全にではないものの、そのほとんどはアメリカには存在しなかったのである。

アレントはその憤り、または彼女が（例えばフランス革命における）革命の怒りと呼ぶものの原因を「必要と欲求」の政治に帰する。怒りとは「不運が行動的となる唯一の形式」〔訳注18〕だと彼女は論じるのだ。これはモッブ〔訳注19〕の暴力についての妥当な説明ではあるものの、時に国家権力の奪取後に出現する権威主義についての説明にはあてはまらない。ここで作用しているのは人民の怒りでも「必要と欲求」の政治でもない。不和、時として戦争の中でさえ見つかる政治的情熱であり、革命の前衛が自分たちの人民に対して抱くエリート主義的な恩着せがましさなのだ。この戦争はアメリカでは生じなかった。それには二つの理由がある。アメリカ社会の「新しさ」とその宗教的文化がそれである(13)。

私はこの点を誇張したくない。アメリカのトーリ〔訳注20〕の大部分は上下関係と目上の者への服従の文化内部で生活し、それを守っていた。彼らの幾人かは国王の官僚かアングリカンの聖職者であったが、インドやユダヤ、そしてアルジェリアの事例でも見られるある種の媒介者であった。トーリの政治と彼らの運命との綿密な研究（約八〇〇〇人が植民地を後にした）はアメリカ革命を、〔本書で扱ってきた〕後代の革命や解放主義者の闘争のように見せる。トーリはいくつかの植民地では十分な政治的勢力であった。彼らの敗北は革命の政治においてはそれでも二次的な問題であった。トーリが傍流であったことは、独立を勝ち取った後に現れたものにおいて特に明確なのである。

革命から数年後の大規模な信仰復興は、私が論じてきた二〇世紀の事例のタイムスケジュールによりよく当てはまる。憲法制定から約三〇年後、福音主義の勢いはその絶頂に達したのである。しかし、この勢力増強は伝統文化の復興ではない。またそれはトーリのイデオロギーのような戦闘的で政治的な形態への回帰でも、聖職者の権威の復権を目指したものでもなく、またそれは世俗国家の選挙によって選ばれた支配者や判事の権威と齟齬をきたすものでもなかった。

第二次大覚醒は、国家と教会の関係について激しい議論を引き起こした。その一つである日曜日の郵便配達に関する論争は、初期のアメリカ共和国に関して何が例外的なものだったかを見事に描き出している。一八一〇年、米国議会は週七日間で郵便配送業務を行い、郵便局を営業することを求める法案を通過させた。その要求は多くの主流派プロテスタントといくつかの福音主義プロテスタントから神の法を侵害しているとして激しい抵抗にあった――「キリスト教共和国」とまで呼ばれる国においては特に罪深い侵害である。安息日厳守主義は当時のアメリカでは強い影響力をもっていた。多くの州が日曜日の商業活動を広範囲に制限する日曜労働規制法（blue laws）を採用していたし、そもそも議会自体が日曜日に開催されることがなかったのである。しかし、日曜の郵便配達は安息日厳守主義に反対する人々によって全米各地で提起された。これは福音主義のプロテスタントの多く、特にバプティスト、ユニヴァー

〔訳注18〕『革命について』一六三頁。

〔訳注19〕モッブ mob　あらゆる社会階級からの脱落者からなる社会的に流動的な人々の一群であり、自分たちを締め出した社会と、自分たちが代表されない議会に対する憎悪を抱えた人々であり、アレントはモッブを「選ぶことのできない人々」と呼び、ドイツにおける反ユダヤ主義や人種主義に対する支持基盤となったとされる。

〔訳注20〕アメリカのトーリ American Torey　アメリカ独立戦争において、イギリスに忠誠を誓った人々をさす。革命派による中立派に対しての侮蔑的な意味で用いられたことも。例えば総督、国教会牧師、植民地の支配者を敵視する白人農民などが含まれる。

サリスト[訳注21]、セブンス・デー・アドヴェンティスト[訳注22]、そして分離主義者のグループの中心的な問題になり、彼らは議会が宗教的な休息日を解釈する権能を一切持ってはならないと主張した[14]。

安息日厳守主義の著作家や説教者は宗教的自由の観点から自身の論を展開している。彼らによれば、日曜日の郵便配達の要求は厳格なキリスト教徒が郵便局で働くことを不可能にしている。それは宗教審査に等しく、それゆえ違憲であると彼らは言うのである。安息日厳守主義者は、彼らの反対者から一つの（ピューリタン的、カルヴァン的）国教会を打ち立てようとしていると批判されたが、おそらく彼らにそのような意図はなかった。彼らのうちの幾人かは、ただキリスト教徒にふさわしい日曜日を欲するだけでなく、アメリカの労働者のための休息日を求めた改革者であった。州の日曜労働規制法の多くは、安息日を土曜としていたセブンス・デー・アドヴェンティストのような集団（ユダヤ教徒はなおさらであるが）のことを考えていなかったのである[15]。

一八二八年、郵便に関する議論が持ち込まれた上院は、上院の「郵便局と郵便道に関する委員会」に報告を要求した。委員長はケンタッキー州選出のリチャード・Ｍ・ジョンソン[訳注23]であり、敬虔なバプティストの彼は一八二九年一月に「安息日における郵政事業に関する報告」を提出した。それはワシントンＤＣの第一バプティスト教会の牧師オバデヤ・ブラウン[訳注24]の助言を受けながら書かれた。アイザック・クラムニックとＲ・ローレンス・ムーアによれば、それは「驚くべき文章であった」。日曜日の郵便配達を止めようという議会の試みは「立法府が神の法とは何かを決定するのに適切な法廷であるという原則[訳注25]」を打ち立てるものであるため、そのような試みは違憲であると宣言された。実際、議会は「世俗の制度であり、それは宗教的権威をまったく欠いたもの」であった[16]。

ジョンソンとブラウンはアメリカが例外であることに関する早い段階での情熱的な説明を提供した。彼らはアメリカ人以外の人類、〔つまり〕「理性を有する人間の八億人は宗教の虜となっている」と書いたのだ。この「他民族の破局」は「恐るべき警告」であり、米国憲法の起草者たちはこうしたことを見越して、「同じ悪」からアメリカ人を守るための政治体制を作り出した。隷属だけでなく、熱狂も悪であった。宗教的熱狂は、「人間精神の強力な偏見に付け入り、神への礼拝を行うという架空の口実の下で、われわれの性質の中でも最悪な熱情を掻き立てる」(17)。共に宗教的大覚醒の産物であるこの二人、バプティストの上院議員とバプティストの牧師によって書かれた文章の、その最後の文そのものが初期の共和国において世俗主義がその強い影響力を持続させていたことの証である。彼らの主張によれば、政治家も共和国の市民も神に仕える権利を持っておらず、それはただ個々の人々が果たすべき務めであった。(上院の報告は大変評判がよかったようで、七年後、ジョンソンはマーティン・ヴァン・ビューレン〔訳注26〕の伴走候補として副大統

〔訳注21〕ユニヴァーサリスト Universalists　三位一体説を信条とせず、予定説ではなく万人救済説を主張する教派。同じく三位一体を主張しないユニテリアンと合同し、一九六一年にユニテリアン・ユニヴァーサリスト協会を結成。

〔訳注22〕セブンス・デー・アドヴェンティスト Seventh-Day Adventist　セブンスデー、つまり土曜日を安息日として聖日礼拝を固守している教派。ウィリアム・ミラーの予告した一八四四年に再臨が生じなかった後も、その希望を抱いていた人によって組織された。土曜日の安息日遵守を受け入れたのは、ミラーの信奉者であったエレン・ホワイトである。

〔訳注23〕リチャード・M・ジョンソン Richard M. Johnson（1780?-1850）　アメリカの政治家、軍人。第九代副大統領。一八〇四年にケンタッキー州下院議員に選出され、のちに民主共和党から議会選出される。一八一二年の米英戦争にも参加した、外交的にはタカ派の政治家であった。郵政委員会議長、軍事委員会議長を歴任したのち一八三七年にはマーティン・ヴァン・ビューレン大統領のもとで副大統領を務めた。黒人奴隷の女性と内縁関係を結んでいたことでも有名。

〔訳注24〕オバデヤ・ブラウン Obadiah brown（1779-1852）　アメリカの牧師。ワシントンＤＣの第一バプティスト教会の牧師であり、米上下院のチャプレンも務めた。

〔訳注25〕エドウィン・S・ガウスタッド（大西直樹訳）『アメリカの政教分離――植民地時代から今日まで』（みすず書房、二〇〇七年）、四五頁。

〔訳注26〕マーティン・ヴァン・ビューレン Martin Van Buren（1782-1862）　合衆国第八代大統領。弁護士、役人を経て一八二八年に

領に選出された。）

アメリカ人の新しさとアメリカ・プロテスタントのラディカルさは、おそらくアメリカ革命と後年の民族解放運動との相違を十分説明するだろう。しかし、他の要素を考慮する価値があると私には思われる。その不在が決定的に重要だからである。「女権問題」はアメリカ革命ではまったく提起されなかったのである。植民地にはフェミニスト運動はなく、リンダ・カーバー〔訳注27〕が書いているように、もっともラディカルなアメリカの男性ですらも「彼らの妻や姉妹の地位に関して革命を起こすことは意図していなかった」[18]。奴隷貿易や国勢調査の合憲性についての議論があったにもかかわらず、人種が中心的な問題とならなかったこともまた事実であるし、ゲイの権利に耳がかたむけられることもまだなかった。しかし、ジェンダー間の上下関係とジェンダー間の平等性に関する問題は極めて重要である。なぜなら、それはすべての主要な宗教が〔ジェンダーを〕上下関係的に捉えていたためである――そこには急進的なセクトのいくつか（ブリーンはニューヨークのロングアイランドにおける一七六九年のクエーカー〔訳注28〕の集会における女性説教者に言及している[19]）を除いた一八、一九世紀プロテスタントの教派がおそらく含まれている。男女間の平等が革命的に押しすすめられていたならば、信仰復興はほぼ確実に強力な押し戻しとなったであろう――それはまぎれもなくインド、イスラエル、アルジェリアで生じた事であった。

ジェンダー間の平等性は一八世紀の解放の特徴ではなく、二〇、二一世紀における解放に関するすべての論争の中心的なものである。それはアメリカでも中心的なものとなっており、それゆえ、おそらくわれわれはかつてのわれわれよりも例外的ではない。「宗教的隷属」はアメリカ以外の世界ではジョンソンとブラウンが一八二九年の時点でそうなるであろうと主張したように普遍的ではない。むしろ逆に、それはアメリカで幾分か取り入れられつつある。福音主義プロテスタンティズムはもはやラディカルな運動ではない。インド、イスラエル、そしてアルジェリアでもそうであったが、ここアメリカにおいても不可避的な世俗化の理論のどこかに誤りがあることは明白である。しかし解放は世俗化に依存はしていない――少なくともその最もラディカルなヴァージョンでは世俗化に依存していない。現在、宗教的フェミニストやジェンダーの平等を唱える者たちは、アメリカに存在するすべての、とまでは言わずともほとんどの教派において活動している。また世俗国家の擁護者と「キリスト教共和国」という思想の敵対者は、活動的で、宗教世界の外部のみならず内部においてもかなりの成功をおさめている。現在においても、解放とは進行中のプロジェクトなのである。

【注】

（1）Louis Hartz, *The Liberal Tradition in America: An Interpretation of American Political Thought since the Revolution* (New York: Harcourt, Brace and World, 1955), chap. 2 and 3〔有賀貞訳『アメリカ自由主義の伝統』講談社学術文庫、一九九四年、二、三章（六〇―一二九）〕.

（2）*Burke's Politics: Selected Writing and Speeches of Edmund Burke on Reform, Revolution, and War*, ed. Ross J. S. Hoffman and Paul Levack (New York: Alfred A. Knopf, 1959), p. 71〔中野好之訳「植民地との和解決議の提案に関する演説」『エドマンド・

ニューヨーク州知事に選出される。ニューヨークのジャクソニアン・デモクラシーの組織構造を築くうえで重要な役割を果たすが、恐慌やイギリスとその植民地であったカナダとの間の軋轢に対して有効な策を講じることができず、政治的信用は芳しくなかったとされる。

〔訳注27〕リンダ・カーバー Linda Kerber（1940- ）アメリカの歴史家。アメリカ・フェミニズムの歴史を描く。彼女が提唱した「共和国の母」概念は、市民を育てるという建国期の女性の役割に焦点を当てたものである。

〔訳注28〕クエーカー Quaker　一七世紀のイギリスでおこったキリスト教の一宗派。イギリス本国のみならず植民地諸州においても弾圧や迫害をうけた経緯があり、これをうけてウィリアム・ペンがクエーカー教徒のための土地としてペンシルベニアを建設した。現在はかなり細分化されているものの、リベラルな傾向をもつ派も多い。

バーク著作集（二）：アメリカ論ブリストル演説』みすず書房、一一五頁〕「しかし我が北部植民地で最も広く行われている宗教は、この抵抗の原理をさらに徹底化したものである。それは不同意への不同意であり、プロテスタンティズムのプロテスタント版である」.

（3）T. H. Breen, *American Insurgents, American Patriots: The Revolution of the People*（New York: Hill and Wang, 2010）, p. 33.

（4）Bernard Bailyn, *The Ideological Origins of American Revolution*（Cambridge, Mass.: Harvard University Press, 1967）, p. 249.

（5）Isaac Kramnick and R. Laurence Moore, *The Godless Constitution: The Case against Religious Correctness*（New York: W.W. Norton, 1996）, p. 41.

（6）Kramnick and Moore, *The Godless Constitution*, pp. 39-40.

（7）Gordon Wood, *The Radicalism of the American Revolution*（New York: Alfred A. Knopf, 1992）, p. 330.

（8）Wood, *Radicalism*, p. 329.

（9）Hannah Arendt, in *On Revolution*（New York: Viking Press, 1963）, 308n55〔志水速雄訳『革命について』ちくま学芸文庫、二八七頁。ただし邦訳では注番号は五十六となっている〕. 本書では「大覚醒も含め、このような厳密に宗教的な運動や勢力がアメリカ革命の人々の行動と思想にいかなる影響も与えなかった」と主張されている。しかしこれは「革命の人間」がただ知的な指導者であったときのみ正しい。これをブリーンの『アメリカの反乱』と比較してみよ。「ベンジャミン・フランクリンやトマス・ジェファソンのような人物からわれわれが連想する一連の思想は、現実にレキシントンやコンコルドのような共同体を守りに繰り出した民兵の心にはもっともらしくは響かなかった」。Breen, *American Insurgent*, p. 35.

（10）Arendt, *On Revolution*, esp. chap. 2〔『革命について』、特に第二章〕. これとは反対の見解に関しては以下を見よ。J. Franklin Jameson, *The American Revolution Considered as a Social Movement*（Princeton, N.J.: Princeton University Press, 1967）〔久保芳和訳『アメリカ革命』未來社、一九六一年〕.

（11）Wood, *Radicalism*, p. 121; Breen, *American Insurgents*, p. 29.

（12）Hartz, *Liberal Tradition*, pp. 52-53〔『アメリカ自由主義の伝統』八二頁〕. Alexis de Tocqueville, *Democracy in America*, trans. Arthur Goldhammer（New York: Library of America, 2004）, vol. 2, part 2, chap. 3, p. 589〔松本礼二訳『アメリカのデモクラシー（第二巻・上）』岩波書店、一八〇頁〕. そこには「アメリカ人の大きな利点は民主革命に苦しむことなくデモクラシーに到達したこ

とであり、平等になるのではなく、平等に生まれたことである」と書かれている。

（13） Arendt, *On Revolution*, p. 106〔『革命について』一五七―一五八頁〕. ここでのアレント批判は以下を見よ。Benjamin I. Schwartz, "The Religion of Politics: Reflections on the Thoughts of Hannah Arendt," *Dissent*（March-April, 1970）, pp. 144-61.

（14） Kramnick and Moore, *Godless Constitution*, chap. 7.

（15） アメリカの安息日厳守主義に対する共感のこもった説明に関しては James R. Rohrer, "Sunday Mails and the Church-State Theme in Jacksonian American," *Journal of the Early Republic* 7（Spring 1987）, pp. 53-74 を参照のこと。

（16） Kramnick and Moore, *Godless Constitution*, p. 139.

（17） Kramnick and Moore, *Godless Constitution*, pp. 139-40.

（18） Linda K. Kerber, *Women of the Republic: Intellect and Ideology in Revolutionary America*（Chapel Hill: University of North Carolina Press, 1980）, p. 9.

（19） Breen, *American Insurgents*, p. 34.

謝辞

本書は二〇一三年の四月にイェール大学で私が行ったヘンリー・L・スティムソン講座を改定、増補したものである。しかしこれには長い前史がある。民族解放のパラドックスについて私が考えたり描き始めたりしたのは一九九〇年代後半であり、二〇〇一年にこの書物の第一章と第二章に当たる前段階のバージョンをデイヴィッド・ハートマンの記念論文集『ユダヤ教と近代——デイヴィッド・ハートマンの宗教哲学』*Festschrift for David Hartman: Judaism and Modernity: The Religious Philosophy of David Hartman, edited by Jonathan W. Malino*（Jerusalem: Shalom Hartman Institute, 2001）に寄稿した。二〇〇五年には、ノースウェスタン大学のロースクールで民族解放に関する三回分の講義を行った。そこで頂いたアンドリュー・コッペルマンとチャールズ・テイラー、ボニー・ホニックからのコメントに謝意を表したい。二〇〇七年には第一章と第二章の別バージョンを雑誌『イスラエル史（*Journal of Israeli History*）』第2巻第2号（二〇〇七年九月刊）に「シオニズムとユダヤ教——民族解放のパラドックス」と題して出版した。これでこのプロジェクトを終えるつもりだったが、イアン・シャピロがスティムソン講座に私を招いてくれた時、彼の励ましを得て私はこのプロジェクトに立ち戻り、講義を無事に終え、それから本書に取り組んだのである。

長い年月にわたって、多くの友人や同僚たちと民族解放について議論を交わし、多くの助言と幾許かの批判を頂いてきたが、そのすべてが私の役にたった。次の方々に感謝申し上げたい。グールとダーリアのオファー夫妻、マイケル・ラスティン、ブライアン・クネイパス、ミッチェル・コーエン、ラジーヴ・バルガヴァ、カルナ・マンテナ、ブルース・アッカーマン、イアン・シャピロ、デイヴィッド・ブロムウイッチ、スティーヴン・B・スミス、ジョセフ・バレット――そして最も身近にいる批評家、ジュディス・ウォルツァー。彼女は仰々しい文章や逃げ道を用意した表現、あいまいな、あるいは回りくどい文章のすべてを指摘してその修正を要求し（おおむね私はそれを受け入れ）た。

私の議論はその大部分が二次文献、つまりインド国民会議派やシオニズム運動、アルジェリアのFLN、そしてアメリカ革命に関して書かれた学者やジャーナリストの業績に基づいている。後注のなかで彼らの作品をできる限り細心の注意を払って引用したが、そのうちの何人かが本書に与えた影響はあまりにも大きいので、ここで改めて言及しておくに値しよう。インドに関してはV・S・ナイポール、ゲリー・ジェフリー・ジャコブソン、ウマ・ナーラーヤン、チャンドラ・マランパリ、マーサ・ヌスバウムそして（再度お名前を挙げるが）ラジーヴ・バルガヴァがそうである。シオニズムに関してはエフド・ラッズ、アムノン・ルーベンスタイン、シュムエル・アルモグ、シュロモ・アヴィネリといった人たちである。アルジェリアに関してはアラステア・ホーネに負うところが多い。アメリカについてはゴードン・S・ウッド、T・H・ブリーン、そして私の恩師ルイス・ハーツである。しかしこれらの著作家たちは、彼らの作品を使って私が論じてきたことに責任はない。

いつものことであるが、高等研究所の同僚やスタッフから頂いている友情や支援に大変お世話になってきた。この研究所はおそらく、書き物をするのに世界で最適の場所である。本書で繰り広げた議論の多くに倦むことなく耳を貸してくれたニューヨークの『ディッセント』編集室の友人たちにも謝意を表明したい。私を担当してくれたイェール大学出版会のウィリアム・フルクトとメアリー・パスティも同じく私は励まし、答えに窮するような疑問点を指摘し、有益な助言を与えてくれた。彼らは昔からいつも変わることなくそうしてくれる。大学出版会がくだけた文体で書かれた、この非常に短い書物の出版の労を取ってくれたことに私は格別の喜びを感じる。

解説

宗岡宏之

○ウォルツァーについて

本書の著者マイケル・ウォルツァーは現代を代表するユダヤ系アメリカ人政治学者である。思想的には彼はリベラル派の人物であり、党派的には共和党よりも民主党に近い。その立ち位置はヨーロッパ流の社会民主主義になぞらえることもできる。[1] 彼が学問的に行った最も重要な貢献は『正しい戦争と不正な戦争』（一九七七年）であり、いわゆる「正戦論」と言われる西欧古来の理論的伝統がこの書物によって再びその価値を普遍的に認められる契機となった。アメリカ国内におけるその影響は決定的であり、今や『正しい戦争と不正な戦争』は陸軍士官学校のカリキュラムの中で必修文献の一つに数えられている。[2] また彼はユダヤ系という自らの出自を非常に重要視するシオニストでもあり、アメリカとイスラエルの両国家を頻繁に行き来しながらユダヤ的な政治の考察に長く沈潜してきた。[3] 政治学者としてのウォルツァーの名声は今や世界中に伝播するに至り、彼に対する言及を含んだ研究はもはや枚挙に暇がない。

政治学者としてのウォルツァーはいくつかの方法論的な特徴を持っている。ここではそれらを「歴史的な方法論」と「実践」へのこだわりとして確認しておきたい。まず、歴史的な方法論へのこだわりは彼の研究生活において初期から一貫している姿勢である。一九六五年に公刊された『聖人たちの革命』は一七世紀におけるイングランド内戦の理論的根拠をカルヴィニズムの革命論に求めた論考だが、これは元々ハーバード大学に博士論文として提出されたものが元になっている[4]。このような政治思想史研究を通じた政治学研究は当時のハーバード大学における政治学研究の特徴であったと言われ、その影響の下に研究者修行を積んだ一団（そこにはジュディス・シュクラーなどが含まれる）は「ハーバード学派」と名付けられた上でその独自性が近年になって積極的に再評価され始めている[5]。『聖人たちの革命』から遡ること五年前の一九六〇年には、やはり同じくハーバード大学出身のシェルドン・ウォーリンが現在では古典となった『政治とヴィジョン』を公刊しているが、そこにおいてもやはり政治思想史研究の効用が強く擁護されている。ウォーリンが記すように、当時は政治思想史研究を政治学研究の適切な方法とは認めない新しい知的趨勢が登場していた[6]。それはロバート・ダールのような行動主義政治学者たちが構想していた科学的な政治学である。そのようなアプローチは「伝統的な政治学の業績、特に歴史的、哲学的、記述的＝制度的アプローチによる業績に対し強い不満の念を共有していた」[7]。それに加えて、当時の学術界に存在していたのは「イデオロギーの終焉」の喧伝である[8]。思想の持つ力に対して最も冷たい視線が向けられていた時代において、ウォルツァーの政治学は方法論的に時代逆行的なものにさえ思われる。しかし、そうであればこそ、政治学の研究に際して彼が固執した歴史的な方法論には意識的な選択の跡がうかがえる[9]。では、歴史的な方法論の利点とは何か。それは科学が可能にする実在論的（リアル）な説明とは別の写実主義的（リアル）な説明が可能だということである[10]。歴史的説明は、たとえそれが非科学的な説明と呼ばれることがあったとしても、虚偽を述べている訳ではない。それはまた、「語り」の形をとる以上、上手な語りと下手な語りが存在する。上手な語りを実現するためには、語り手は現実を構成するありとあらゆる微細な文脈を可能な限り多く把握し、それらを語りの中に組み込まなければならない[11]。ウォルツァーの政治学を歴史的だと呼ぶ理由は、まさに彼の語りの豊かさに他ならず、様々な学問的範囲にわたる彼の知見がそれを可能にしている。

続いて、実践へのこだわりについても、歴史的な方法論へのこだわりと同様に、初期からの一貫性が認められる。

ウォルツァー自身の自伝的回顧が伝えるように、一九五〇年代後半から継続的に彼は*Dissent*、*The New Republic*、*The New York Review of Books*といった主要誌の常連論客として時事問題に対する論評などを数多く発表してきた[12]。また、様々な著作の中で折に触れて言及がなされているように、彼のルーツは公民権運動やベトナム反戦運動への関わりにある[13]。アメリカ全土を揺るがしたこれらの運動に対する反応については、ハンナ・アレントが当時の雰囲気を伝える有益なコメントを残している。いわく、「わたしの見るところでは、実に久しぶりに自発的な政治運動が起こり、それがたんに宣伝を行うだけではなく、行為し、しかも、そのうえほとんどもっぱら道徳的な動機から行為した（原文ママ）ということなのです。ふつうなら権力や利害と考えられるものが動いているところにまったくめずらしい、この道徳的な因子が加わったことで、現代にとって新しいもう一つの経験が政治のゲームに登場したのです[14]」。ウォルツァーが身を投じていた運動とはそのような運動であったのだ。このような経験の中から、彼はその後現在に至るまで信奉することになる方法論的な原則を編み出すことになった。それは過度に抽象的な思考をあえて避けること、あるいはデモクラシーに対する哲学の優越性を信用しないということである。ここに、同世代の他の著名な「政治哲学者」たちと彼との違いがとりあえず見出される。今や有名な挿話となってはいるが、ハーバード大学での教員時代に彼はジョン・ロールズ、ロバート・ノージック、ロナルド・ドウォーキン、トーマス・ネーゲルを始めとした多くの著名な哲学者が集うセミナーに参加していた（政治哲学を専門とする学術誌*Philosophy & Public Affairs*はこの活動の成果を元に生み出されたものである）[15]。彼による当時の回顧はやや否定的な調子を伴っている。「哲学が要求すると思われるような、高度な抽象のレベルに窒息感を感じてしまうのですが、グループの私の友人たちは哲学にまったく居心地の良さを感じていたのです。私たちが皆、実際に暮らしている世界からますますかけ離れた方向に自分が移動しつつ、仮説的事例を戯れに拡張することに我慢ができなくなったのはすぐのことでした[16]」。このような素朴な実感はのちに、より洗練された形で、「哲学」と「デモクラシー」の間に存在する本質的緊張感をめぐる考察に昇華することになる。「真理は一つであるが、人民は数多くの意見をもつ。真理は永遠であるが、人民は絶えずその心を変える。ここに、その最も単純なかたちで、哲学とデモクラシーとの緊張がある」[17]。そして、政治という営みの非完結性を擁護するウォルツァーは政治にたいする哲学の優位性、指導性を認めない。「デモクラシーは哲学の領域には口を出さないし、哲学者は、政治的共同体においていかなる特権ももたない。意見の世界では、真理は実際にはもう一つの意見であり、哲学者はもう一人の輿論の形成者にすぎない」[18]。彼は、客観性を標榜する営みよりも、あえて党派性を高く評価する[19]。ここには政治学者としてのウォルツァーの実践へのこだわりが一貫して見て取れる。

最後に確認されるべき事項として「コミュニタリアニズム」との関係が残されている。現代アメリカの思想空間において、ウォルツァーは特に「コミュニタリアン」として紹介されることが多い。これはロールズが『正義論』(一九七一年)を刊行した直後に始まったいわゆる「リベラル・コミュニタリアン論争」に関連するものであり、彼はリベラルに対してコミュニタリアンの側に立つものと普通は想定されている。一般に、そして、かの論争について論じられる際においても、リベラリズムやコミュニタリアニズムの正確な定義というものは実際存在しない。よって、両者の差異を知る方法も具体的な言語使用の事例を精査する他にはないのだが、ウォルツァーの場合は実は両者の区別がやや微妙である。というのも、彼は基本的にリベラリズムを全般的に否定している訳ではなく、場合によっては積極的にリベラルな議論を展開しているからである(そしてまた再分配政策的な論点を始めとして民主党的な理念により共鳴する点が多いという事情もここに含んでよかろう)[20]。ここでは方法論的な視点、特にその社会解釈の方法論的な視点から見たときの彼のコミュニタリアニズムに注目したい。

社会解釈の方法論としてのコミュニタリアニズムは次の前提から出発する。つまり、「文化と社会は人間の共同体の創造である。ということは、それらは個人を基礎にしては創造されえないし、維持されえないのであり、そしてそれらが供給する、人間が自己であり行為者であることの非常に本質的な源泉は、人びとの共同体によって人びとに伝えられるのである」[21]という前提である。したがって、ここから排除されるのは多くの「政治哲学者」たちが提供するような画一的で抽象的な議論である（そして、当然ながら、「文化的なるもの」を「自然的なるもの」に還元しようとする一部の科学者たちの画一的で抽象的な議論も同様に排除される）。例えば、「正義論」という規範理論の中心テーマに対してこの立場はどのような態度をとるだろうか。それは、ウォルツァーによれば、「正義は人間による一つの組み立てである。だから、それが一つの仕方でしか作られないというのは疑わしい」[22]というものである。この意味で、コミュニタリアニズムは一種の懐疑主義、相対主義、多元主義の性格を帯びることになる（したがって、コミュニタリアニズムは共同体の過去と現在を無条件的に肯定するのではなく、未来へ向けた新しい共同体への構想力の源泉ともなりうる）[23]。

社会科学方法論的には、このようなアプローチはしばしば「解釈学」と呼ばれている。その意味において、ウォルツァーの政治学が解釈学の一例として分類されることは極めて正当である[24]。彼はこの方法論の要諦を人類学者のクリフォード・ギアツから吸収してきた（彼は、個人的にも、ギアツとはほぼ毎日顔を合わせるほどの友人であった[25]。本書においてもその成果は度重なるギアツの引用によってその影響が測り知れるだろう）[26]。ギアツの方法論は「分厚い記述」というその名前とともに有名である[27]。もっとも「分厚い記述」という名前自体は哲学者のギルバート・ライルによる使用の先行例が存在しはするが[28]、より知られているギアツの定式化によれば、それは「われわれの研究対象である人たちの行為や、社会的対話の中の「語られたこと」に指示を与える概念的構造をさぐりだすこと」、そして「この構造に特有なものは何か、この構造の属性は何かを明らかにするための分析体系を構成すること」を課題とするものである[29]。しかし、解釈学に対しては度々その問題点が指摘されてきてもいる。例えば、ガダマー・ハーバーマス論争などはその代表的なものである[30]。ガダマーによれば、「解釈者の意識を占めたままの先入見や先行意見を、解釈者はそのものとしては自由に処理できない。解釈者があらかじめ自分から、理解を可能にする生産的な先入見を、理解を妨げたり誤解に導いたりする先入見から区別することはできないのである」[31]。ガダマー流の解釈学においては「伝承

て異議を唱えるのは、それが、先入見を当然視することによって、場合によっては有害たり得る慣習への盲目的な追従を奨励しているかのように聞こえるからである。そこで彼は、特殊な文脈を越えた批判的視点を安全に確保することによって、解釈学の限界と彼が考えるものを乗り越えようとする。それは、「自己がそこから発現し、かつそこへと反転してゆく伝統の起源を透視することによって、生活実践のドグマティズムを動揺させる」[33]。ウォルツァーの解釈学はこのような対立図式の中でどのような位置に当てはまるだろうか。このような問題に対する彼の解答は、いわば、ガダマーとハーバーマスの両方から最良の部分を取り出したものである。しかし、それはどちらかといえばガダマーに近いものであり、批判的な視点は伝統に内在した位置に確保されなければならない。「社会との繋がりを欠いた批判者による批判は、いわば社会から切れた批判、外部からの介入、強制執行であって、理知的な形式をそなえてはいても、目指すところは物理的な実力行使と選ぶところはない[34]」。それは、万人に理解可能な語りの形式によって、普遍的な視点と個別的な視点のどちらにも限定されない両者の融合を必要とする。

ウォルツァーは以上のような方法論に裏付けられながら現代アメリカを代表する政治学者の一人となった。彼の著作は確かにアメリカ人に向かっての語りが多く、それは「彼の分析とそこから引き出される提案が他のどこかの国にとっては直接的に有益たりえない可能性があるということをも意味している[35]」という見方は存在して当然である。他方で、彼の研究が世界中で真剣に受け止められていることも事実である。しかし、それもまた一部の聞き手のみ理解可能だったはずの物語を無限の聞き手に開いた彼の卓越した語りの才能を再確認させる一挿話に過ぎない。本書は歴史的事例の検討に基づいた非常に具体的な議論の束からなっている。また、抽象的な議論に至ってはその必要性が意図的に否定されてすらいる。したがって、本解説は本書の背景についてごく簡潔に検討することによってその役割を果たしたい。本書の重要なキーワードは「ナショナリズム」と「宗教」の二つである。

◯脱植民地化の時代

本書のテーマは第二次世界大戦後の脱植民地化の時代における民族解放の理念である。前節において、ウォルツァーの方法論的立場は「普遍と個別のどちらでもない両者の融合」としてまとめておいた。一読すると分かるように、本書においてはある種の普遍主義的な価値が「世俗主義」、そしてある種の個別主義的な価値が「デモクラシー」として現れている。新国家が真の意味で「新」たるためには過去との断絶が必要であると考えた新しい独立国の政治指導者たちは、後進性を象徴し過去を連想させる宗教を特に嫌った（あるいは、少なくとも真剣視しなかった）。世俗主義を急進的に推し進めた結果、世俗化の影で一度は退いた宗教が後に過激な宗教として政治の舞台にあがってきたため、少なくともその過激な形態における世俗主義は失敗したといえる。しかし、ウォルツァーは世俗主義を決して否定している訳ではない。ただ、土着の人びとの生活から宗教を完全に取り払うことは実用的ではないことが分かったため、次善の「デモクラシー」の終わりなき実践の中で少しでも世俗主義の大義を実現させつつ、それによって宗教ができるだけ過激化しないようにする必要がある。これが本書の主張であるが、これは、いわば、味方を増大させるために敵の一部を吸収するという戦略である。その際に最も成功をもたらしやすいとウォルツァーが考えているのがナショナリズムの政治にほかならない。

民族解放の歴史はそのままナショナリズムの歴史でもある。そして、その中でナショナリズムの地理的な普遍性が最も顕著に現れた瞬間こそが第二次世界大戦後に始まる一連の脱植民地化であった。ナショナリズム論の古典『ナショナリズムの発展』において、Ｅ・Ｈ・カーは人類の政治的発展の歴史におけるナショナリズム勃興の瞬間をいくつかに分けて説明しているが、そこに本書が主に関連しているナショナリズムは存在していない[36]。ある意味でそれは当然の話である。かの本は一九四五年に刊行されたからというのが理由である。確かに、一九四五年という時点から見た過去と未来のナショナリズムは大きく異なって見える。その原因は人類の政治的組織化の形態が両者の時期においては次のような大きな違いを見せていることにある。[37] まず、一九四五年以前の世界において「国際関係」なるものは存在しなかった。あるいは、それは部分的にしか存在しなかった。主権国家間の形式的平等に基づいた「国際関係」は主に西洋を中心とする一部の帝国主義諸国を始めとした極少数の国家群の間においてのみ存在した。その他の地域の人々を政治的に組織していた単位は主権国家未満のものであり、それらは「植民地」、「保護領」、「委任統治領」、「信託統治領」というそれぞれ微妙に違った意味を持つ様々な組織に分けられていた。これらの組織と帝国主義国との間の関係は形式的に不平等な関係であり、この時代に世界規模で「国際関係」が存在したということは難しい。ひるがえって、一九四五年以降の世界において次第に姿を現し始めたのは主権国家間の形式的平等のみに基づいた世界規模の「国際関係」の時代である。そして、その基本単位は「主権国家」ただ一つに減った。

このような背景の下に到来したのが脱植民地化の時代であり、今や国民国家の普遍性は規定事実となった。まさに、二〇世紀はかつて福田歓一がいったような「国家の世紀」となった。「二〇世紀のはじめには人類のほぼ半数が植民地支配の下に自らの国家をもち得なかったのに対して、一九九七年香港返還とともに、人類のほとんどが国家をもとうとしている。最初五三であった国際連合加盟国が、すでに一八七に達したことを思えば、二〇世紀は国家の世紀であった、ということもできるであろう[38]」。西洋と非西洋の差、加害者と被害者の差、そして国民国家に対する馴れの差などといった差があるとはいえ、ナショナリズムの歴史を全体的に眺めてみれば、脱植民地化の時代における民族解放も一八世紀のフランス革命や二〇世紀のウィルソン主義などといった記念碑的出来事の正統な後継者として捉えることができる。したがって、「ナショナリズムの理念は、西欧の諸状況の産物であったが、ヨーロッパの影響が世界中に広がるにつれて、西欧の政治的諸理念、なかんずく自決はそれに付随して必然的に流布していった[39]」という見方が可能である。かつて革命以前のフランスにおいて不当な特権を享受していた身分をシィエスは「国家の中の国家（imperium in imperio）」と呼んだが[40]、帝国主義列強が寡占していた世界から植民地支配が日に日に消えていく風景は、まさに、フランス革命による特権階級の退場を連想させるといえるかもしれない。すなわち、「国家の中の国家」としての外国支配者が今や消え去り、国家は「国家」になるという訳である。こうして、脱植民地化の時代におけるナショナリズムの政治が世界中のあらゆる場所で始まることになった。

このように、ナショナリズムの新しい歴史は開かれた。しかし、「ネーション」という集団全体の威厳を確立することが至上命題であり続けたのが当時の世界であったとすれば、そこで圧倒的に等閑視されたのは個人の権利である。独立後の政治的混乱期において、ただでさえ脆弱な政権基盤を維持するためには苛烈な暴力が容赦なく行使され、無辜の個人が多数におよび犠牲となった。したがって、ナショナリズムの歴史においては一つの輝かしい時期として書かれるこの時代は、人権の歴史が書かれるに際しては低い評価を与えられるという現象が見られる[41]。この個人対ネーションという対立図式は今日に至るまでその緊張感をいささかたりとも失っていない[42]。しかし、同時に、今日に至るまでネーションもまたその重要性を疑われてはいない。その意味で、ジョン・ダンの次のような言葉は意味深長である。「ネーションの問題は多くの近代国家の政治的アキレス腱たることが今や明らかだとしても、他方では、世界の全人類が共通の種としての統一を公式に承認するための言葉がネーションの連合（初期にはネーションの連盟）だということもまた、相変わらず真である。イデオロギー的にどれほど口幅ったいことをいってみても、人類は、国民国家を超える現実的な形式をいまだ考えついて（ママ）はいないのである」[43]。今や、われわれは歴史的な産物である国民国家を、ただ存在するものではなく当然存在するものとして、自然に考える時代に生きている。このような感覚が一部の先進国（それらは旧宗主国に重なることが多い）のみならず世界中のあらゆる国家において感じられるようになったのは、ひとえに、脱植民地化の時代を人類が経験したからにほかならない。

○ナショナリズム

民族解放とは一つの思想であると同時に一つの規範的な理念である。しかし、今一度ナショナリズム研究の来歴を振り返ってみると、ナショナリズムを思想的に扱う研究が、実際は、その主流を占めていたとはいえない事情に気付かされる。政治理論のその他の概念の場合とは異なり、ナショナリズムの理論史にはいかなる大思想家も存在しないと宣言するベネディクト・アンダーソンの言葉は有名である。「ナショナリズムは（…）そのホッブズも、トクヴィルも、マルクスも、ウェーバーも、いかなる大思想家も生み出さなかった」[44]。確かに、このような即断に対しては疑念を覚えることが自然かもしれないが、実のところ、ナショナリズムの起源に関する重要な研究は長く社会学的な研究が主流であり続けてきた[45]。例えば、アーネスト・ゲルナーの『民族とナショナリズム』はナショナリズムを近代産業社会の誕生と共に新しく生み出された思想として描き出している。ナショナリズムは何よりもまず国家が最初に存在してからこそ可能になったものであり、それは、農耕社会の段階にあった社会が近代化の段階を経験するにあたって、領域内の集団がバラバラな状態から同質的な単一体としての国民を再編成するためのフィクションであったと説明する[46]。また、社会全体のコミュニケーション空間が拡大した近代において「ますます多くの人々が、まったく新しいやり方で、みずからについて考え、かつ自己と他者を関係づけることを可能にした」[47]出版資本主義がナショナリズムの促進に果たした重要な役割などを指摘したアンダーソンの『想像の共同体』もこのような社会学的研究の類に含まれるだろう。ゲルナーが言うところによれば、「一般に信じられ、学問的根拠があるとさえ考えられている見解とは反対に、ナショナリズムは人間の心の中に根深い起源を持っているわけではない」[48]。「人間の心の中に根深い起源を持っている」信条としてのナショナリズム観が否定されるということはその思想性がほぼ否定されることに等しい[49]。しかし、思想としてのナショナリズムの重要性は、直感的に、容易く捨て去ることが難しい。そこで、アントニー・

スミスを始めとした研究者たちのように、これらの二極（スミスの整理では、それぞれ「近代主義」と「永続主義」あるいは「原初主義」）の両方の魅力を認めた上で、その中間を探ろうとする折衷派が存在する。[50]しかし、このように諸説が乱立する状況を見るに、現在のような「権威的説明が事実上存在しない状態[51]」が今後、新たな議論の登場によって、劇的に変化する可能性に対しては悲観的にならざるをえない。

さて、ここまでは主に近現代史と社会学の立場から見たナショナリズムについて概観してきた。両者に共通しているのは、ナショナリズムの規範的な力に対する関心の薄さである。近現代史の立場から見たナショナリズムは、いわば、危険を孕んだ思想であることは間違いないがそれなしでは人間が生きていけないものとして、否応なくその存在を認めざるを得ない対象として描かれる。社会学の立場から見たナショナリズムは、そのイデオロギー生成の因果性の探求に力点が置かれることから、その規範的な価値に対しては正面からというよりは主に間接的に扱われるに留まる。しかし、特に一九九〇年代に入ってからは、このような趨勢とは別の新たな趨勢が特に目立つようになってきた。思想としてのナショナリズム論の隆盛である。それは純粋に当為を指示する規範理論であり、ゲルナーのいう「人間の心の中に根深い起源を持っている」信条としてのナショナリズム観に対してストレートに訴えかけるものである。ナショナリズムはむしろ積極的に擁護され、そして、正当化すらされる。ここにおいて、国家とネーションの関係は、ゲルナーのそれを始めとした既存の多くの説明とは逆に、ネーションが先に存在し国家がそれに従うようなイメージを帯びる。今や、共通の道徳を共有し合う団体として設定されるネーションは国家という道具を手に入れた。応用倫理学や規範理論においては、「正義論」の名の下で、ネーションは自らの道徳観にしたがってありとあらゆることを国家に命令する位置に立つことになる（「ネーションはどのような状況ならば正しい戦争をするといえるか？」等々）。一体化したネーションはまるでモラル・ジレンマに置かれた個人と同じような扱いを受けることになる。

応用倫理学的な問題解決の万能な執行者としての国家、そして応用倫理学のパズルを解くその操縦者としてのネーションを論じるナショナリズム論は、もちろん、ナショナリズムには醜悪な側面があるということを知らない訳ではない。それは、倫理的主体としてのネーションというイメージの説得力を高めるために、危険な匂いのするナショナリズムとそうでないナショナリズムの区別を前提としている。その区別には「リベラルなナショナリズム」と「リベラルでないナショナリズム」という区別や、[52]「民族ナショナリズム」と「市民ナショナリズム」という区別などがある。[53]これらの意味は大体において同じであるが、現在は特にリベラルなナショナリズムとリベラルでないナショナリズムの区別が呼称として一般になりつつある。リベラル・ナショナリズムの代表論者の一人であるヤエル・タミールが言うところによれば、それは次のような特徴を持っている。「リベラル・ナショナリズムは、二つの思想学派にとって本質をなすものをつかみ取ろうと企てる。つまり、一方ではリベラリズムから、個人の自律性と個人の権利への傾倒を引き出し、他方ではナショナリズムから、一般的に言えば人類共同体の、特殊的にはナショナルな共同体の一員たることが有する重要性についての正しい認識を引き出す[54]」。ここにおいて、ナショナリズムの歴史と人権の歴史は幸福な結合を見ることになる。

○リベラル・ナショナリズムのユダヤ的起源

リベラル・ナショナリズムという思想を系譜学的に辿ってみたとき、われわれは一つの興味深い事実を発見する。個人対ネーションの対立図式に対してどのように考えるかについての例の議論はタミールの説明においても含まれているが、このような問題の建て方自体の起源（の少なくとも一つ）はユダヤ人政治学者たちの議論に見られることが分かる。ちなみに蛇足であるが、タミールはイスラエルで政治家を努めた経験もあるユダヤ人である。また、戦後にリベラル・ナショナリズムの思想を肯定的に伝播した功労者であるハンス・コーンもユダヤ人であった。彼は一九七六年の時点で、ある論文の中で、「「リベラル・ナショナリズム」という言葉が矛盾語法でないと論じた唯一の有名なナショナリズム研究者」[55]という紹介を受けている。現在流通している人権の歴史に関する入門書は、世界人権宣言（一九四八年）の記述に至るまでのその序章的な箇所において、ほぼ必ず、自然権と人権との類推などと並んで、ナチスのユダヤ人絶滅計画に触れている。したがって、個人対ネーションという対立図式の現代的起源はユダヤ人問題にあることは確かである。このような問題の立て方自体が具体的な問題に対する一つの解法になっているのだ。

ナチス期のドイツにおけるユダヤ人問題の悲劇は、レオ・シュトラウスによれば、次のような経緯を辿った。「ヒトラーが政権に就く前は、たいていのドイツのユダヤ人たちは、自分たちの問題は自由主義によって原理的に解決されたと信じていた。すなわち彼らは、ドイツのユダヤ人とはユダヤ教の信仰を持ったドイツ人のことである、つまりドイツのユダヤ人はキリスト教の信仰を持ったドイツ人や信仰を持たないドイツ人に劣らずドイツ人的である、と信じていたのである。彼らは、（ドイツ社会やドイツ文化は言うまでもなく）ドイツ国家はキリスト教徒とユダヤ教徒との差異、あるいは非ユダヤ人とユダヤ人との差異に関して中立的である、または中立的であるべきだと想定した。この想定は、ドイツの最強の部分によって受け入れられず、そしてそれゆえにドイツによって受け入れられなかった」[56]。彼らにとっての問題意識とは、国民国家のネーションの単一性は実は脆弱なものであり、むしろその複数性こそがその真の姿の反映なのだという事実を今一度真剣に受け止めなければならないということ、そしてその複数性という事実の故に自分たちは強力なグループから排除される可能性があるということである。このような事態はなぜ生じたのか。この問題の分析に関してはハンナ・アレントの『全体主義の起源』が、特にナショナリズム論との関連において、決定的に重要である。彼女によれば、強制収容所誕生の原因はまさに国民国家というシステムそのものの崩壊であった。その過程は次のようなものである。[57] 第一次世界大戦後の混沌に乗じて発生した多民族国家における民族紛争は行き場を失った多数の無国籍者を生み出した。このような事態が生じた理由は、本来は国民の全体を普遍的に包摂していなければならないはずの国民国家が、その領域内の最も有力なネーションに国家が独占されることになった結果、彼らにとっての他者である他のネーションの迫害が始まったからである。元いた国から追放されヨーロッパ中をうろつき始めた彼らは流浪の地において国籍を持たない者として法の外に放り出された存在であり続けたため、異常な問題に対して異常な手段がとられなければならなくなった時、彼らに対するあらゆる残酷な対応は犯罪にならないという状況が出来した。そのような規範の完全な空白状況においてこそ強制収容所の誕生は可能となったというのである。

アレントはこのように国民国家の失敗を説明しているが、彼女の国民国家論にはやや曖昧な点が残る。彼女によれば、強制収容所に送られた無国籍者が失ったのは「諸権利を持つ権利」であった[58]。それは人権をただ保持しているだけでは何の意味もないことをいう究極の表現であり、人権が保護されるためには自分の人権を保護してくれる国家の中における安全な場所が絶対に不可欠であるということの言い直しである。しかし、この説明をその通り受け止めるとすれば、「諸権利を持つ権利」を保護する現実的な主体はやはり国民国家以外にあり得ないことになってしまい、彼女の国民国家批判はパラドックスに陥ってしまう[59]。アレントは一九四三年に「われら難民」という文章を書いているが、そこでは次のようなことをいっている。「人間は社会的動物であり、社会的な絆が絶たれると生きるのは容易ではなくなる。道徳的基準は、それが社会生活のうちに織り込まれている場合には維持しやすいものである。しかし、その社会的・政治的・法的な地位が完全に揺らぐとき、自分自身の人格的統合を維持しうる強さをもちうるひとはごくわずかである[60]」。ここには『全体主義の起源』後の彼女が進んだ方向性の予兆が示されている。その後、彼女は『人間の条件』を始めとした著作において「社会的な絆」の探求に専ら取り組んだが、彼女はその作業の中でネーションの複数性の意味を危険なものから安全なものに変えようとした。つまり、差別を生んで暴力的な階層化を出来させる複数性から人間それぞれの差異を承認し合う条件としての複数性に変えようとした[61]。それは無国籍者が生まれない理想郷の可能性を描く試みである。彼女のこのような方向転換は『全体主義の起源』の到達点からの一種の理論的後退だという評価も存在するが[62]、リベラル・ナショナリズムの立場から言うならば、このようなアレントの戦略は十分に支持される。「諸権利を持つ権利」を保護する国民国家とそうでない国民国家が、それぞれ、リベラルな国民国家とリベラルでない国民国家と呼ばれることになり、前者が肯定的に評価されることになる。ネーションの複数性は国民国家に適合しないという警告は既に一九世紀においてJ・S・ミルの著作の中に現れている[63]。アレントの分析はそこから一歩先に進んだ議論と言ってもよかろう。そしてそこからさらにもう一歩進んだ彼女の議論は、まさに、リベラル・ナショナリズムの議論であるといってよい。それは個人の人権と（彼女の言葉では）「社会生活」、あるいは「社会的な絆」を調和させる試みであり、われわれはこれをリベラル・ナショナリズムのユダヤ的起源の始点に据えることができよう。

今日、リベラル・ナショナリズムはひとつの規範理論として一定の評価を集めるに至っている。その特殊ユダヤ的な文脈を越えての幅広い受容の功績はしばしば一人の人物に帰せられる。その人物こそはアイザイア・バーリン卿であり、やはりユダヤ系の血をひくイギリス人である。彼はまたシオニストでもあった[64]。彼のナショナリズム論もまたアレントの「社会的な絆」と同じ方向を目指している。よって、われわれはバーリンをリベラル・ナショナリズムの二番目に重要な人物として注目できる。バーリンのナショナリズムの要点を取り出すと、次のようになる。彼にとって重要なことはネーション固有の生活を維持することであり、そのために国民国家は欠かせないものである[65]。また、彼は一つのネーションは多様な異質性に対して開かれているべきだと考えており、それが彼のナショナリズムの究極の理想である[66]。この理想はヘルダーの思想から摂取されたものである[67]。バーリンはナショナリズム（Nationalismus）という言葉がヘルダーによって造られたと考えているが、ヘルダーにとってネーションは「差異の中の統一、むしろ統一のなかの差異、「一」と「多」との緊張関係」として理解されている[68]。ナショナリズムの起源に戻り、そこに多元主義の教義を発見することによって、排他主義的でないナショナリズムを提示したこと、これがバーリンのナショナリズム論の業績である。[69]

ここで、バーリンによるナショナリズム論をもう少し広く確認しておく。彼によれば、ナショナリズムは次のような四つの特徴を持っている。[70] それらは、それぞれ、①「人は特定の集団に属し、その集団の生活様式は他の集団の生活様式とは異なり、集団を構成する個々人の性格はその集団の性格によって形成され、それを離れては理解できない」。②「社会生活の型は生物的有機体の生活の型と同じで、この有機体の適切な発展に必要なもの――それは有機体の性質にもっとも敏感な人々が言葉や画像、その他の人間の表現形式によって明確に示し出す――がその共通の目標となり、その目標が至上のものとなる」。③「特定の信念を抱き、特定の政策を追求し、特定の目的に奉仕し、特定の生活を生きる上で、もっとも強い理由の一つ、いやもっとも強い根本的理由は、これらの目的、信念、政策、生活がわれわれのもの〔いいかいいかい、（ママ）〕だからであるという観念」。④「私の属する有機体の必要を満すことが他の集団の目標を達することと両立しなければ、私、あるいは私が分ちがたく結びついている社会は、必要とあれば力によってでも他の集団を屈服させる他はなくなるであろう」。もちろん、ナショナリズムにはいい側面しかないとバーリンが考えていた訳ではない。これらの四つの中にも場合によっては悪性の影響を誘発しかねない主張が含まれていることからも分かることだが、それを説明するに際して数多くの否定的な言葉を残している。それらを一つずつ拾っていくと次のようになる。「現実のものか想像上のものかはともかく自分の美点を病理的なまでに誇張し、誇り高く幸福で成功した人々にたいする憤慨と敵意を抱くこと」、「外国支配からの解放に伴う自動的な心理的随伴現象」、「ナショナルな特徴を有する社会が抑圧ないし屈辱を経験したことにたいする自然な反応の仕方」、「人間の品位が踏みにじられたという（…）感覚」、「自己防衛的な抵抗の病理的形態」、「これまで決して持つことのなかった自由（…）の回復」、「人間性の侮辱にたいする復讐」、「世界のさまざまな文化の中であまり重要とは認められなかった人々の願望が炎症を起こした状態」。[71] バーリンは、思想史的な視点から、ナショナリズムの勃興をドイツにおける反啓蒙主義の運動の中に見てはいるが、似たようなナショナリズムは「近代化の衝撃を受けた伝統的なドイツ社会に似た状況では、どこでも発展してくることになった」[72]といっている。それは、多くの啓蒙主義者たちの予想、つまり「ナショナリズムの原因は、道徳的なものか技術的なものかはともかく啓蒙の抵抗しがたい前進――つまり理性の勝利か物質的進歩の勝利、あるいはその双方――によって、破壊されるであろう」[73]という予想を完全に裏切って今日まで生き残ってきた。ナショナリズムは、理性的な言葉に頼ることによって、その存在を否定しても意味がない。また、バーリンは脱植民地化の時代における新興国のナショナリズムにも触れている。「ナショナリズムを、あるがままのものとして――新たに解放された奴隷たち、「脱植民地人」の側の深くかつ自然の要求にたいする世界的拡がりをもった反応として認めねばならない」[74]。これは、本書の歴史的背景に対する言及である。その起源においてナショナリズムは負の側面から出発したことを十分意識しつつ、彼はそれを正当化している。それはバーリンの発掘したヘルダー流の多元主義的ナショナリズムの世界規模の拡張である。

以上、アレント、バーリンのナショナリズム論を見てきた。両者ともナショナリズムという理念に対して警戒すると同時にネーション内部における多元化を訴える。それは「多における一」、「一における多」の両方を追求する理想論であり、国民国家の危険と不可避性を踏まえた上でそのコントロールを目指すものである。ウォルツァーは以上のようなユダヤ系のリベラル・ナショナリストの理論家の系譜に連なる人物である。ウォルツァーにおいて普遍性と特殊性の価値は截然と区別されておらず、それらは混合されているということは既に明らかにしておいた。このことは彼のナショナリズム論においても姿を現している。このことはバーリン的な擁護では「消極的自由」と「積極的自由」の混合というイメージで説明できる。バーリンは「二つの自由概念」（一九五八年）講演の中で客観的なルールによって保障される普遍的で個人主義的な自由を消極的自由、主観的な自己決定によって保障される個別的で集団主義的な自由を積極的自由と名付けた[75]。消極的自由が個人に保証されることは重要なことではあるが、政治の集団的性格を考慮するとそれのみでは不十分であり、それによって積極的自由の不可欠性が理解される(76)。ウォルツァーにおいては、世界のどこであれ、普遍主義は人々に対する残酷な抑圧は禁止されるべきことを意味し、個別主義は各国家がそれぞれの共同体で行う自己決定の価値を意味する(77)。彼はそのような普遍的価値と個別的価値のどちらか一方を重視するのではなく、やはり両者が共に重要なのだと考えている(78)。現代政治理論において、コスモポリタニズムか、あるいは愛国主義かという二者択一的な問題設定がよくなされるが、この問題についてもウォルツァーは安易な解答を与えない。マーサ・ヌスバウムのようなコスモポリタンは愛国主義を道徳的に危険なものと考えている(79)。このような類のよくある批判に対してウォルツァーはどちらかというと常に愛国主義の側を擁護しはするのだが、彼はコスモポリタニズムと愛国主義（人権と主権）という安易な二者択一を拒絶しており、その態度はやや独特である。例えば、彼は次のようなことをいっている。「二〇世紀の犯罪はいわば、倒錯した愛国主義者と倒錯したコスモポリタンによって交互に犯されてきたのである」。「より幅広い忠誠を排除する特殊主義は非道徳的なふるまいを招くが、より狭い忠誠を無視するコスモポリタニズムもまたそうである。両方とも危険なのだ(80)」。ここには、「諸権利を持つ権利」プラス複数性のアレント、消極的自由プラス積極的自由プラスその旧植民地世界への輸出のバーリンの特色をすべて受け継いでいるユダヤ系アメリカ人の姿がある。

ウォルツァーのポスト・モダン批判についてもここで確認しておきたい。ポスト・モダンの定義には様々なものが考えられるが、ここでとりあえず重要なのは政治的な意味においてのそれである。一つの説明としては、「ポストモダニズムは、様々な装い（変装）で現れるが、政治に適用された場合には、それは、「真理」といったものが存在するという考え方への懐疑や、「理性」——社会を評価し批判するための純粋に独立した客観的な基盤というよりも、むしろそれ自体が「社会的に構築された」ものである——に対する不信といったものを伴う傾向がある(81)」。ウォルツァー自身も大体においてこのようなポスト・モダン観を抱いているが、それに対してあまりいい印象を持たず、むしろ嫌悪感を抱いている。[82] ナショナリズムは、多かれ少なかれ、「集団性」の擁護を伴うが、まさにそれはポスト・モダニストにとっては格好の標的である。[83] したがって、ナショナリズムの問題に関しても、ネーションというものは所詮単なる「構築」されたものに過ぎないという主張に対して彼は我慢ができない。[84]「構築された共同体はそこにある唯一の共同体である以上、ほかのなんらかのタイプの共同体よりもリアルでなかったり、ほんものでなかったりすることはありえない[85]」。これまでの議論を下敷にすれば、ウォルツァーの応答については特に解説を必要とするものではないだろう。個人の重要性を主張すればするほど、それは「諸権利を持つ権利」を保障する集団の話をせざるを得なくなる。また、ポスト・モダン的にネーションを解体しても意味がない。これまで議論してきたように、ネーションの一体性はそもそも実現しない。しかし、少なくとも、それは実現を目指されるべきものである。その際の目標は一つの政治体の複数性を可能な限り排除を行わない包摂的なものにすることである。差異が重要なことはポスト・モダン的に指摘されなくとも分かる話であり、問題はそのような差異のために強制収容所に送られないためにはどうすればよいかなのだ。そしてそれに対する解答としての彼らの理想郷のイメージは上に見てきた。

アメリカ政治学の歴史において、ワイマール共和国出身の亡命ユダヤ人たちの存在は格別の重要性を持っている。彼らは故国におけるナチス経験を身にしみて記憶しているため、新天地における自由主義の当然視に対してはある種の違和感を抱いていた。[86] 以上においてはリベラル・ナショナリズムをユダヤ的な政治理論なのではないかという仮説の下に扱ってきた。その理解はユダヤ的な伝統に対する深い理解を必要とするものではない。それは少なくともアレントについてはそうである。「アレントはユダヤ的伝統のなかで育てられたわけではないし、自身の著作をユダヤ的伝統の再発見に充てることもなかった[87]」。ユダヤ人問題とは、「彼女自身が傍観者としてではなく二〇世紀のヨーロッパ・ユダヤ人としての経験の当事者として出会う問題なのである[88]」。それはまた、バーリンにおいても然りであり、彼のナショナリズム論は「反ユダヤ主義の環境の中でユダヤ人の子供として育ち経験したこと」に依る部分が大きいだろう[89]。そのような当事者性はまたユダヤ人のみに限られる話ではなく、戦後のドイツ人にとっても共有された性質のものである。ここで注目に値するのがハーバーマスのナショナリズム論である。「ドイツではナショナリズムというのは、社会ダーウィニズムの方向へ先鋭化されてしまいました。そして人種の妄想を頂点とすることになりました。ユダヤ人の大量虐殺の正当化に役立った人種の妄想です。したがって、集団的アイデンティティの基盤としてのナショナリズムというのは、われわれのところにおいては、著しく価値を切り下げられています。そしてだからこそ、ファシズムの克服というのが、法治国家と民主主義という普遍主義的価値を中心に作られた、ポスト・ナショナリズム的アイデンティティの自己理解の基盤となるパースペクティヴなわけです[90]」。そして、そのようなパースペクティヴを構成するのは他者に対する寛容に根ざした普遍主義[91]、そして、「合意された手続き（ママ）の統一性[92]」である。これがハーバーマスの唱える「憲法パトリオティズム」であり、普遍主義的な道徳に支えられたネーションのアイデンティティを憲法という手続き主義的な規範の下で涵養するという思想である。また、そのような普遍主義的な道徳も、やはり、個別主義との混合の中で可能にならなければならない。「同じ普遍主義的内容といっても、それぞれ自分たちの歴史的な生の連関から獲得されねばならないし、自分たち自身の文化的な生活形式のうちに根づかせねばなりません。どんな集団的アイデンティティも、ポスト・ナショナリズム的なアイデンティティであってもそうですが、単にその結晶の核となる道徳的、法的および政治的ないくつかの原則を集めただけのものよりもずっと具体的なものです[93]」。ハーバーマスはユダヤ人ではないが、ユダヤ人虐殺を起こした負の経験を真剣視する国家でこのようにユダヤ人思想家のリベラル・ナショナリズムと似た議論が発生することは興味深い。

エルネスト・ルナンによれば、ネーションとは「明確に表明された共同生活を続行しようとする合意であり、欲望」を必要とする「日々の人民投票（un plébiscite de tous les jours）」である[94]。このフレーズはナショナリズム論において最も古く定式化されたものの一つであり、また多く引用されてきたものの一つである。また、それ以来、この他にもナショナリズムの定義をより正確に行おうとする試みが多くなされてきた。しかし、エリック・ホブズボームによれば、このような定義の精密化は失敗する。常にそのようなネーションの定義に漏れるケースが見つかるものだからである。(95)この指摘は意味深長である。これまでもナショナリズム論は多く書かれてきた。また、これからもそれは書かれることになるだろう。しかし、ネーションの正体を掴もうとする考察が失敗すればするほど、あるいは成功したと思ったとしてもそれは将来失敗する可能性があるために、ネーションは現在大多数によってネーションと考えられているものの姿を現状追認することで終わってしまうことになるだろう。しかし、リベラル・ナショナリズムのような規範理論はそのような状況にあっても大して問題を感じはしないだろう。残された問題はすべて、ネーションの一員としてのわれわれの道徳意識がどのような状況でどのような決定をするかという応用倫理的、決疑論的な論点に移っている。(96)しかし、例えば『全体主義の起源』のナショナリズム論のように国民国家の一体性という常識を解体する書物を前にしては、ネーションとは何かという問いを簡単に放棄するわけにはいかないことが分かるだろう。リベラル・ナショナリズムの地平から見れば、国民国家のそれぞれ半分ずつを担う国家とネーションは、それぞれ、操作されるのを待つ暴力装置(=国家)と「多から一へ」というにとどまらず、「一のなかの多」(97)としての多元的な人間共同体(=ネーション)ということになる。繰り返すが、ここには国家の視点からネーションを見ることが多い社会学的な議論とは違いがある。バーリンが彼のナショナリズム論の手本にしたヘルダーは既に国家中心にナショナリズムを見ない視点を持っていたが、(98)ネーション内の差異、(あるいは、場合によっては、一つの国家の領域内の複数のネーション間の差異)はいかなるものであっていかなるものであるべきかというネーションの側の問題に焦点があたる。いずれにせよ、今日ウォルツァーのリベラル・ナショナリズムを含めてリベラル・ナショナリズムにはそれなりの理解が進んでいる。その幅広さを最も分かりやすく示すものとして、次のようなデイヴィッド・ミラーの分類がある。これは既に触れたバーリンによるナショナリズムの四つの特徴をそれぞれ順番に健全なナショナリズムと不健全なナショナリズムに分けたものである。従って、この分類に従えば四×四で一六のナショナリズムが存在することになる。表を作ってリベラルなナショナリズムがいくつ出てくるかを探るのも興味深いだろう。

①**文化的**（＝「単にそれぞれの文化が自律的に発展していく権利を持つという意味」）

政治的（＝「それぞれのネーションが自分自身の国家を持つべきだという意味」）

②**多元的**（＝「『社会的有機体』（…）を維持するには全体と部分のバランスを保たなければならない」）

一元的（＝「ナショナルな価値は至上のものでなければならない、すなわち（…）下位集団の要求は、ネーションそれ自体の要求の前に常に譲歩しなければならない」）

③**道徳的に制限された**

道徳的に無制限な

④**反復的**（＝「自らのネーションの政治的自律への権利を要求するならば、私たちは同じ権利を他のネーションに対しても認めなければならない」）

単独的（＝「ネーションの優越性とは、ネーションは何ものにも妨げられない一つの使命ないし運命を担っているという考え方であり、これによって内部の分裂を抑制することはもちろん、例えば領土の征服を通して外部の集団や人民を一掃することも正当化される」）[99]

◯終わりに

ところで、最後に、本書の重要テーマである宗教はどのように、絡んでくるのだろうか。本書において、これはリベラル・ナショナリズムの応用問題として議論されている。そこでは、そのユダヤ的起源が拘るような人権対共同体という対立軸は中心的役割を果たしていない。ただ共通しているのは、個別主義的な価値を軽視することによって普遍主義的な価値を実現しようとする試みは失敗するという知見である。それは人権対共同体の対立軸で考えるならば、ウルトラ個人主義に立脚するアナーキズムである。なぜこの選択肢が失敗するかは既に確認した。拙速な世俗化政策によって、脱植民地化の時代にナショナリズムの政治を手に入れた諸国はナショナリズムの政治に必要な文化的資源を無理やり奪われてしまった。人々は上手い「語り」の材料を奪われてしまったのだ。ウォルツァーの重視する「普遍と個別の融合」としての語りを通じた「デモクラシー」はこのような状況では成立できなくなってしまう。結局残ったのは「普遍」のみの語りによって一方的に押し付けられる擬似「哲学」であった。人びとが政治を語る言葉の豊かな源を奪われた結果、本来は万人が理解できる言葉でリベラルな言説を提供できたはずのチャンスまでもが潰されてしまった。したがって、あくまで政治的言説の貴重な資源として宗教を利用してナショナリズムの政治を喚起し、あわよくばリベラル・ナショナリズムを実現させようとするウォルツァーの議論は興味深い。しかし、重要な点はあくまでも「政治」である。テオクラシーとは彼にとっては政治の敗北であり、あくまでも目指されるべきはデモクラシーの政治である。たとえば、ジョン・ロックの『寛容書簡』の次のような一節はそのような政治の可能性を考える上で興味深い。「もしその人に、キリスト教徒でない人々をも含めて全人類に対する慈愛と謙虚と善意とが欠けているのであれば、その人は確かに真のキリスト教徒ではないことになります(100)」。「その人は」以下はキリスト教徒以外にはまったく関係のない話であるが、キリスト教徒しか存在しない世界においてロックのような言葉で語ることには計り知れないレトリック上の効果がある。もちろん、デモクラシーの討議の中では「真のキリスト教徒」とは何かについての壮絶な討論が生じるであろう。しかし、討議者やその聴衆たちは「聖書」という膨大な言説の典拠を共有することができる。そのような手段が奪われてしまうことの損失は大きい。功利主義やカント主義に同じだけの力を持ったナショナリズムの政治が果たして期待できるだろうか？　宗教的な語彙で道徳を語ってきた人々がある日突然功利主義者やカント主義者になれるだろうか？　宗教の暴走を防ぐためにも宗教内部からの声が求められているというウォルツァーの指摘は非常に興味深い議論の材料を与えているように思われる。

【注】

(1) デイヴィッド・ミラー「序論」、デイヴィッド・ミラー編（萩原能久・齋藤純一監訳）『政治的に考える――マイケル・ウォルツァー論集』（風行社、二〇一二年）、七頁。

(2) Gabriella Blum and JHH Weiler, "Preface," *European Journal of International Law* 24:1 (2013), p. 13.

(3) マイケル・ウォルツァー「世界のなかのアメリカ合衆国――正しい戦争と正しい社会」、デイヴィッド・ミラー編（萩原能久・齋藤純一監訳）『政治的に考える――マイケル・ウォルツァー論集』（風行社、二〇一二年）、五二五頁。

(4) Michael Walzer, *The Revolution of the Saints: A Study in the Origin of Radical Politics* (Cambridge, Mass.: Harvard University Press, 1965). ただし、ウォルツァーの主張はカトリシズムの影響力の強さを明らかにしたクエンティン・スキナーの研究によって乗り越えられたというのが標準的な評価になっている。その点については、Mark Goldie, "The Context of The Foundations," in *Rethinking the Foundations of the Modern Political Thought*, ed. Annabel Brett, James Tully, and Holly Hamilton-Bleakley (Cambridge, UK: Cambridge University Press, 2006), p. 14を参照。スキナー自身によるウォルツァーの主張に対する言及は、クエンティン・スキナー（門間都喜郎訳）『近代政治思想の基礎――ルネッサンス、宗教改革の時代』（春風社、二〇〇九年）、六〇二―六〇三頁を参照。

(5) Andrew Sabl, "History and Reality: Idealist Pathologies and 'Harvard School' Remedies," in *Political Philosophy versus History?: Contextualism and Real Politics in Contemporary Political Thought*, ed. Jonathan Floyd and Marc Stears (Cambridge, UK: Cambridge University Press, 2011), pp. 151-176.

(6) シェルドン・S・ウォーリン（尾形典男ほか訳）『政治とヴィジョン』（福村出版、二〇〇七年）、一五頁。

(7) ロバート・A・ダール「政治学における行動論アプローチ――成功した異議申し立ての記念碑への碑文」、ジェームズ・ファー／レイモンド・セイデルマン編（本田弘・藤原孝翻訳代表）『アメリカ政治学の展開――学説と歴史』（サンワコーポレーション、一九九六年）、三二五頁。

(8) ダニエル・ベル（岡田直之訳）『イデオロギーの終焉――一九五〇年代における政治思想の枯渇について』（東京創元社、一九六九年)、二五一—二六八頁。

(9) 政治思想史研究として『聖人たちの革命』以降に発表された同系列の論考としては、Michael Walzer, "Regicide and Revolution," in *Regicide and Revolution: Speeches at the Trial of Louis XVI*, ed. Michael Walzer, trans. Marian Rothstein (New York: Columbia University Press, 1992), pp. 1-89 などがある。

(10) 写実主義的なリアルさとは、例えば文学作品の「リアルな」描写などという場合のリアルさのことである。実際、ウォルツァーの著作には様々な文学作品から様々な場面が引用されており、それが彼の議論に独特のリアルさを与えている。

(11) Hidemi Suganami, "Narrative Explanation and International Relations: Back to Basics," *Millennium: Journal of International Studies* 37:2 (2008), pp. 327-356.

(12) Michael Walzer, "The Political Theory License," *Annual Review of Political Science* 16 (2013), p. 2.

(13) 例えば、マイケル・ウォルツァー(駒村圭吾ほか訳)『戦争を論ずる——正戦のモラル・リアリティ』(風行社、二〇〇八年)、一七頁以下を参照。

(14) ハンナ・アーレント「政治と革命についての考察——一つの注釈」、山田正行訳『暴力について——共和国の危機』(みすず書房、二〇〇〇年)、一九八頁。

(15) Walzer, "Political Theory Lisence," pp. 3-4.

(16) ウォルツァー「世界のなかのアメリカ合衆国」、五三八頁。

(17) マイケル・ウォルツァー「哲学とデモクラシー」、デイヴィッド・ミラー編(萩原能久・齋藤純一監訳)『政治的に考える——マイケル・ウォルツァー論集』(風行社、二〇一二年)、三二頁。

(18) 同、五四頁。

(19) Michael Walzer, *The Company of Critics: Social Criticism and Political Commitment in the Twentieth Century* (New York: Basic Books, 1988), pp. 226-227.

(20) マイケル・ウォルツァー「コミュニタリアンのリベラリズム批判」、デイヴィッド・ミラー編(萩原能久・齋藤純一監訳)『政治的に考える——マイケル・ウォルツァー論集』(風行社、二〇一二年)、一九七—一九八頁。

(21) スティーヴン・ムルホール/アダム・スウィフト(谷澤正嗣・飯島昇藏訳者代表)『リベラル・コミュニタリアン論争』(勁草書

房、二〇〇七年）、二〇〇頁。

（22）マイケル・ウォルツァー（山口晃訳）『正義の領分——多元性と平等の擁護』（而立書房、一九九九年）、一三三頁。

（23）エイドリアン・リトル（福士正博訳）『コミュニティの政治学』（日本経済評論社、二〇一〇年）、七六頁。

（24）ジョージア・ウォーンキー（有賀誠訳）『正義と解釈』（昭和堂、二〇〇二年）、一九—五七頁。

（25）Walzer, "The Political Theory License," p. 9.

（26）マイケル・ウォルツァー（芦川晋・大川正彦訳）『道徳の厚みと広がり——われわれはどこまで他者の声を聴き取ることができるか』（風行社、二〇〇四年）、一七九頁。

（27）ギアツの方法論を概観したものとしては、Fred Ingnis, *Clifford Geertz: Culture, Custom and Ethics* (Cambridge, UK: Polity Press, 2000), pp. 107-132がある。

（28）Gilbert Ryle, "Thinking and Reflecting," in *Collected Papers*, Vol. 2 (Bristol: Thoemmes, 1990), pp. 474-479.

（29）C・ギアツ「厚い記述——文化の解釈学的理論をめざして」、吉田禎吾ほか訳『文化の解釈学（一）』（岩波書店、一九八七年）、四七頁。

（30）ガダマー・ハーバーマス論争を概観したものとしては、ジョージア・ウォーンキー（佐々木一也訳）『ガダマーの世界——解釈学の射程』（紀伊國屋書店、二〇〇〇年）、一八九—二三九頁がある。

（31）ハンス＝ゲオルク・ガダマー（轡田収・巻田悦郎訳）『真理と方法（二）』（法政大学出版局、二〇〇八年）、四六三—四六四頁。

（32）同、四六三頁。

（33）ユルゲン・ハーバーマス（清水多吉ほか訳）『社会科学の論理によせて』（国文社、一九九一年）、三一一頁。

（34）マイケル・ウォルツァー（大川正彦・川本隆史訳）『解釈としての社会批判——暮らしに根根ざした批判の流儀』（風行社、一九九六年）、八四頁。

（35）ミラー「序論」、一一頁。

（36）E・H・カー（大窪愿二訳）『ナショナリズムの発展』（みすず書房、二〇〇六年）、三—四頁。

（37）Robert H. Jackson, *Quasi-States: Sovereignty, International Relations, and the Third World* (Cambridge, UK: Cambridge University Press, 1990), pp. 17-18.

（38）福田歓一「思想史の中の国家」、『福田歓一著作集（四）：政治・政治学・政治哲学』（岩波書店、一九九八年）、三三四頁。
（39）A・コバン（栄田卓弘訳）『民族国家と民族自決』（早稲田大学出版部、一九七六年）、二四〇頁。
（40）シィエス（稲本洋之助ほか訳）『第三身分とは何か』（岩波文庫、二〇一一年）、一八—一九頁。
（41）Samuel Moyn, *The Last Utopia: Human Rights in History*（Cambridge, Mass.: Harvard University Press, 2010）, pp. 84-119.
（42）Neil MacCormick, "Nation and Nationalism," in *Legal Right and Social Democracy: Essays in Legal and Political Philosophy*（Oxford: Oxford University press, 1982）, p. 247.
（43）ジョン・ダン（半澤孝麿訳）『政治思想の未来』（みすず書房、一九八三年）、九八頁。
（44）ベネディクト・アンダーソン（白石隆・白石さや訳）『定本　想像の共同体——ナショナリズムの起源と流行』（書籍工房早川、二〇〇七年）、二三頁。
（45）具体的な人名を伴う思想史的なナショナリズムの起源論については、例えば、Isaiah Berlin, "Kant as an Unfamiliar Source of Nationalism," in *The Sense of Reality: Studies in Ideas and Their History*, ed. Henry Hardy（New York: Farr, Straus and Giroux, 1996）, pp. 232-248などがある。
（46）アーネスト・ゲルナー（加藤節監訳）『民族とナショナリズム』（岩波書店、二〇〇〇年）。
（47）アンダーソン『定本　想像の共同体』、六四頁。
（48）ゲルナー『民族とナショナリズム』、五八頁。
（49）そのような「人間の心の中に根深い起源を持っている」信条としてのナショナリズム観を唱えたものとして頻繁に引き合いに出される仕事としては、Edward Shils, "Primordial, Personal, Sacred and Civil Ties: Some Particular Observations on the Relationships of Sociological Research and Theory," *The British Journal of Sociology* 8:2（1957）, pp. 130-145がある。
（50）アントニー・D・スミス（巣山靖司・高城和義ほか訳）『ネイションとエスニシティ——歴史社会学的考察』（名古屋大学出版会、一九九九年）、一—二三頁。
（51）James Mayall, *Nationalism and International Society*（Cambridge, UK: Cambridge University Press, 1990）, p. 5.
（52）John Plamenatz, "Two Types of Nationalism," in *Nationalism: The Nature and Evolution of an Idea*, ed. Eugene Kamenka（London: Edward Arnold, 1976）, p. 27.

(53) マイケル・イグナティエフ（幸田敦子訳）『民族はなぜ殺し合うのか――新ナショナリズム６つの旅』（河出書房新社、一九九六年）、一五頁。
(54) ヤエル・タミール（押村高ほか訳）『リベラルなナショナリズムとは』（夏目書房、二〇〇六年）、一一二頁。
(55) Ken Wolf, "Hans Kohn's Liberal Nationalism: The Historian as Prophet," *Journal of the History of Ideas* 37:4 (1976), p. 651. コーンの二分類については、例えば、ハンス・コーン「ナショナリズム――近代史における普遍的推進理念としてのナショナリズム」、A・P・ダントレーヴほか（佐々木毅ほか訳）『国家への視座』（平凡社、一九八八年）、一三九頁がある。
(56) レオ・シュトラウス「『スピノザの宗教批判』への序言」、石崎嘉彦・飯島昇藏訳者代表『リベラリズム古代と現代』（ナカニシヤ出版、二〇〇六年）、三五〇―三五一頁。
(57) ハナ・アーレント（大島通義・大島かおり訳）『全体主義の起原（二）』、二三五―二九〇頁。
(58) 同、二八一頁。
(59) Ronald Beiner, "Arendt and Nationalism," in *The Cambridge Companion to Hannah Arendt*, ed. Dana Villa (Cambridge, UK: Cambridge University Press, 2000), p. 55.
(60) ハンナ・アーレント（齊藤純一訳）「われら難民」、J・コーン／R・H・フェルドマン編（齊藤純一ほか訳）『アイヒマン論争――ユダヤ論集（二）』（みすず書房、二〇一三年）、四六頁。
(61) ハンナ・アレント（志水速雄訳）『人間の条件』（ちくま学芸文庫、一九九四年）。
(62) ジュディス・バトラー／ガヤトリ・スピヴァク（竹村和子訳）『国家を歌うのは誰か？――グローバル・ステイトにおける言語・政治・帰属』（岩波書店、二〇〇八年）、八頁以下。
(63) J・S・ミル（水田洋・田中浩訳）「代議制統治論」、水田洋ほか訳『ミル――自由について／功利主義／代議制統治論／社会主義論集』（河出書房新社、二〇〇五年）、三五五頁。
(64) I・バーリン／R・ジャハンベグロー（河合秀和訳）『ある思想史家の回想――アイザィア・バーリンとの対話』（みすず書房、一九九三年）、一二九―一三三頁。
(65) ジョン・グレイ（河合秀和訳）『バーリンの政治哲学入門』（岩波書店、二〇〇九年）、一一六―一一七頁。
(66) アイザイア・バーリン（齋藤純一訳）「ナショナリズムの二つの概念」、『みすず』七月号（一九九二年）、二二頁。

(67) Charles Taylor, "The Importance of Herder," in *Isaiah Berlin: A Celebration*, ed. Edna Ullmann-Margalit and Avishai Margalit (Chicago: University of Chicago Press, 1991), p. 40はヘルダーを現代に甦らせた人物として評価している。
(68) アイザイア・バーリン（小池銈訳）『ヴィーコとヘルダー——理念の歴史・二つの試論』（みすず書房、一九八一年）、三四三—三四四、二九五頁。
(69) 排他主義的なナショナリズムに対するヘルダーの批判については、同、三〇二、三〇三、三四三頁を参照。
(70) アイザイア・バーリン（河合秀和訳）「ナショナリズム——過去における無視と現在の強さ」、福田歓一・河合秀和編『バーリン選集（一）：思想と思想家』（岩波書店、一九八三年）、四二一—四二八頁。
(71) アイザイア・バーリン「曲げられた小枝——ナショナリズムの勃興について」、福田歓一ほか訳『バーリン選集（四）：理想の追求』（岩波書店、一九九二年）、二九八、三〇六、三一四、三一七、三一八頁。
(72) バーリン「ナショナリズム」、四四〇頁。
(73) 同、四一九頁。
(74) バーリン「曲げられた小枝」、三一八頁。
(75) I・バーリン（生松敬三訳）「二つの自由概念」、小川晃一ほか訳『自由論』（みすず書房、二〇〇〇年）、二九五—三九〇頁。
(76) アクセル・ホネット（日暮雅夫訳）「消極的自由と文化的帰属性との間で——アイザイア・バーリンの政治哲学における解決できない緊張関係」、加藤泰史ほか訳『正義の他者——実践哲学論集』（法政大学出版局、二〇〇五年）、三七四頁。
(77) ウォルツァー『道徳の厚みと広がり』、九—一一、一一九—一二一頁。
(78) マイケル・ウォルツァー「国家の道徳的地位——四人の批判者への応答」、デイヴィッド・ミラー編（萩原能久・齋藤純一監訳）『政治的に考える——マイケル・ウォルツァー論集』（風行社、二〇一二年）、三八七—四一七頁。
(79) マーサ・C・ヌスバウム「愛国主義とコスモポリタニズム」、マーサ・C・ヌスバウムほか（辰巳伸知・能川元一訳）『国を愛するということ——愛国主義の限界をめぐる論争』（人文書院、二〇〇〇年）、一九—四四頁。
(80) それぞれ、マイケル・ウォルツァー「愛情の圏域」、マーサ・C・ヌスバウムほか（辰巳伸知・能川元一訳）『国を愛するということ——愛国主義の限界をめぐる論争』（人文書院、二〇〇〇年）、一二〇頁。
(81) アダム・スウィフト（有賀誠・武藤功訳）『政治哲学への招待——自由や平等のいったい何が問題なのか？』（風行社、二〇一一年）、一一―一二頁。
(82) マイケル・ウォルツァー（大川正彦訳）『寛容について』（みすず書房、二〇〇三年）、一三六―一四四頁。
(83) ウィリアム・E・コノリー（杉田敦ほか訳）『アイデンティティ／差異――他者性の政治』（岩波書店、一九九八年）、ix、x頁。
(84) ウォルツァー『道徳の厚みと広がり』、一八五―一八六頁。
(85) 同、一二〇頁。
(86) J・G・ガネル（中谷義和訳）『アメリカ政治学の系譜』（ミネルヴァ書房、二〇〇一年）、二七四―二七六頁。
(87) マルティーヌ・レイボヴィッチ（合田直人訳）『ユダヤ女ハンナ・アーレント――経験・政治・歴史』（法政大学出版局、二〇〇八年）、二頁。
(88) 同、三頁。「無国籍者」となった後アメリカに亡命するまでのアレントの一八年はユダヤ人の脱出を助けるための活動に費やされた。エリザベス・ヤング゠ブルーエル（荒川幾男ほか訳）『ハンナ・アーレント伝』（晶文社、一九九九年）、一七〇頁を参照。
(89) ホネット「消極的自由と文化的帰属性との間で」、三七四―三七五頁。
(90) ユルゲン・ハーバーマス（三島憲一ほか訳）『遅ればせの革命』（岩波書店、一九九二年）、二二一―二二二頁。
(91) 同、二二二―二二三頁。
(92) ユルゲン・ハーバーマス（河上倫逸・耳野健二訳）『事実性と妥当性――法と民主的法治国家の討議理論にかんする研究（下）』（未來社、二〇〇三年）、二七七頁。
(93) ハーバーマス『遅ればせの革命』、二二四―二二五頁。
(94) エルネスト・ルナン（鵜飼哲訳）「国民とは何か」、E・ルナンほか（鵜飼哲ほか訳）『国民とは何か』（インスクリプト、一九九七年）、六二頁。
(95) E・J・ホブズボーム（浜林正夫ほか訳）『ナショナリズムの歴史と現在』（大月書店、二〇〇一年）、六頁。
(96) デイヴィッド・ミラー（富沢克ほか訳）『国際正義とは何か――グローバル化とネーションとしての責任』（風行社、二〇一一年）、三二六頁。W・キムリッカ（白川俊介訳）「啓蒙的コスモポリタニズムからリベラル・ナショナリズムへ」、岡﨑晴輝ほか監訳『土着語の政治――ナショナリズム・多文化主義・シティズンシップ』（法政大学出版局、二〇一二年）、三〇七頁。
(97) M・ウォルツァー（古茂田宏訳）『アメリカ人であるとはどういうことか――歴史的自己省察の試み』（ミネルヴァ書房、二〇〇六年）、一〇〇頁。
(98) フレデリック・C・バイザー（杉田孝夫訳）『啓蒙・革命・ロマン主義——近代ドイツ政治思想の起源、一七九〇—一八〇〇年』（法政大学出版局、二〇一〇年）、四〇九—四一〇頁。
(99) 以上、デイヴィッド・ミラー（長谷川一年訳）「歪んだ材木か、曲げられた小枝か——バーリンのナショナリズム」、『思想』一一月号（二〇一四年）、四〇—四三頁。
(100) ロック（生松敬三訳）「寛容についての書簡」、大槻春彦責任編集『ロック・ヒューム』（中央公論新社、一九八〇年）、三五〇頁。

監訳者あとがき

本書はMichael Walzer, *The Paradox of Liberation: Secular Revolutions and Religious Counterrevolutions.* Yale University Press, 2015の全訳である。付録として共訳者のひとりでもある宗岡宏之の解説も収録した。ウォルツァーの政治思想全体を目配りよく適確に要約しつつ、本書の理論的位置付けを非常にわかりやすく解説してくれているので読者の理解の助けになると思う。

＊

民族解放とは何か。それはもちろん、植民地を支配してきた外国の抑圧者からの解放なのだが、それにとどまらない。この抑圧者によって国内に持ち込まれた様々な悪影響、たとえば宗主国の権力に逆らっても痛い目にあうだけだという、民衆のあいだに蔓延した深い倦怠感や消極性、迎合的姿勢なども同時に克服していかなければならないという内的プロセスでもある。本書ではこうした民族解放運動がもたらした様々なパラドックスを三つの民族解放運動――インド国民会議、イスラエル建国運動であるシオニズム、アルジェリアのFLN――を具体例にとって分析し、そのパラドックスを解消するためのウォルツァーなりの処方箋を書こうとするものである。

これらの民族解放運動はそれぞれの仕方で世俗的な独立国家の建設を目指してきた。しかしその試みはこの三つのケースすべてにおいて逆に伝統的で原理主義的な宗教の復活、信仰復興をもたらす結果になってしまった。

世俗的なネーション・ビルディング、民主化、近代化、こうした課題に対して、普遍的妥当性を有するとされる「単線的」な発展のプログラムを処方し、民族解放を後押ししてきたのがマルクス主義である。マルクス主義は解放のプロジェクトに人民を結集させ、民族自決の新国家建設に彼らを動員するために、階級利害という普遍的な原理に訴えかけつつ大衆意識の覚醒をめざした。そのために最大の障害となるのが「人民の阿片」である宗教である。それをまず除去・解体しなければならない。こうしたマルクス主義の考え方が理論的に間違っていたというわけではない。ただ、そのプロジェクトには人々を惹きつける魅力に欠けていたのである。それが様々なパラドックスを生み出すことになる。

民族解放のパラドックスとは何か。ひとつには世俗国家の建設が逆に伝統的な信仰復興をもたらしてしまったという、三つの事例で等しく観察される現象がそれである。二つ目に解放者が抑圧者に似てしまうというパラドックスもある。民族解放のパルチザンの多くは西洋で教育を受け、あるいは西洋に亡命しつつ祖国の解放を夢見続けてきた。その結果、解放する者と解放される民衆とのあいだには共感と敵意をないまぜにした関係が生まれてしまう。さらには三つ目として、被抑圧者を解放し、民衆を啓蒙した結果、新たに抑圧的差別が生み出されてしまうという皮肉な悪循環もある。女性に対する差別がそれであり、インドのムスリム、アルジェリアのベルベル人、イスラエルのパレスチナ人問題がそれである。たとえばアファーマティブ・アクションなどの抑圧されたマイノリティの権利回復を実行するためにはどのマイノリティを「贔屓」するか選別しなければならず、日本の部落差別問題でも指摘されるように逆にそのマイノリティの存在をあぶり出し社会のカースト的ヒエラルキーを再度、顕在化させてしまうという問題がある。

こうしたパラドックスを生み出してきた解放に対して、伝統的宗教の側からはもちろん、ポスト・モダンやポスト・コロニアルの理論家たちからも西欧的価値観に偏重した「西洋化」や「文明化」に対する拒絶姿勢が示されてきた。ウォルツァーは彼らの批判に一定程度の理解を示しながらも、しかし解放のプロジェクトを断念はしない。解放とは人類に普遍的な価値である。どの民族も、どの女性も、自分たちの運命に関して自己決定し、自らを解放しなければならないからである。その意味で解放は「普遍的」原理であるが、そのために個別的な、それぞれの民族が有する歴史や伝統を否定したり、拒絶・廃棄しようとしてはならないとウォルツァーは主張し、歴史や伝統と関わりを持ち続け、その中に埋もれたまま潜んでいる解放に資する「資源」を発掘するよう要請するのである。また解放とは、一発勝負で完成させられなければならないプロジェクトではない。執拗に「反復していくこと」が重要である。未来の解放のために現在、そこにある民衆の現状を無視するようなことがあってはならないのである。ちょうどウォルツァーの正義論が「複合的平等」を狙う多元主義的なものであったように、ここでもウォルツァーの立場は多元主義的である。彼が目指すのは「単一解放」ではなく、個々の民族の実情にあった複合的でポリフォニックな解放である。そしてその「普遍」と「個別」、「理論」と「実践」、「解放」と「伝統」を架橋する役割を担っているのが知識人なのである。

＊

翻訳作業の進め方として、慶應義塾大学大学院法学研究科で私と一緒に勉強をしている博士課程在籍の院生たちにまず下訳を作成してもらった。その後、大学院の授業として、私と下訳担当者、それに修士過程在籍の院生たちを加えてあれやこれやと議論しながら訳文を修正し、表現をよりこなれたものに仕立て上げていく昼休み返上の時間を持った。それと並行して、訳注が必要な箇所に関してそれを調査する作業を、主として修士課程の学生に行ってもらった。特に本書では日本の読者には馴染みの薄いインド、アルジェリア、イスラエルの活動家や研究者の名前、事件が頻繁に登場してくるので、可能な限り簡潔に、しかし本書の理解に必要な情報は最低限盛り込むことに留意しつつ丁寧に訳注を付すことにした。引照されている著作に関しては、すでに邦訳のあるものについては気のつく限り該当箇所を明示したが、訳文に関してはほとんどの場合、独自に訳し直した。そうした作業を踏まえて、全体の訳文を監訳者である私が整え、個々の下訳担当にそうした修正を確認してもらったが、最終的な判断と校正は私の責任で行った。

本書で用いたそれぞれの括弧の意味であるが、［　］はウォルツァー自身による補足である。それに対して〔　〕は訳者による補足である。（　）には原文で用いられている場合と、訳に対応する原語を補ったものがある。原著でイタリックになっている部分は原則として傍点ルビを付した。

訳語についてもひとつだけ読者の注意を喚起しておきたい。政治学を学ぶ者にとっておそらく一番厄介なのが「ネーション」の概念であろう。「民族」、「国家」、「国民」のどの訳語を使っても、どれも一長一短で誤解の源泉となる。本書では文脈に応じて訳し分けたが national liberation には「民族解放」という訳語をあてた。しかしその「民族」のなかに実は多様なマイノリティ集団が存在し、それを一括りにできるような一枚岩的実体であると受け止めるのがいかに誤りであるかは本書のなかでウォルツァーが繰り返し実例をあげて明らかにしていることでもある。

最後になるが各章の下訳分担は以下の通りである。

序文：相川裕亮
第一章：宗岡宏之
第二章：林嵩文

第三章：梅澤佑介
第四章：長野晃
ポストスクリプト：相川裕亮

また修士課程に在籍し、訳文検討会に参加しつつ訳注作成の下調べ作業にあたってくれたのは次の院生諸君である。

岡本哲郎、楮原航平、濱田伸哉、東川怜央、一色翔太

今回の翻訳作業は風行社の犬塚満氏の側から「やってみないか」と打診されたものである。風行社からはこれまでにも私の研究室で行った訳書を何冊か上梓させていただいているが、私の研究室に集う、まだ様々な点で未熟なところも散見される研究者の卵たちの力量を信じていただき、今回のような大役を与えていただいたことに感謝し、監訳者として代表してお礼を述べさせていただきたい。ありがとうございました。

二〇一五年一二月

萩原能久

[監訳者]

萩原能久（はぎわら・よしひさ）

1956年生まれ。慶應義塾大学法学部教授。監訳書にM.ウォルツァー『正しい戦争と不正な戦争』（風行社、2008年）、同『政治的に考える』（風行社、2012年）、R.タック『戦争と平和の権利』（風行社、2015年）など。

[訳者とその分担]

●序文・ポストスクリプト・索引

相川裕亮（あいかわ・ゆうすけ）

1988年生まれ。慶應義塾大学大学院法学研究科博士課程在籍中。

主要業績：「冷たい戦争と魂の危機——大衆伝道者ビリー・グラハムの見た共産主義、自由、原罪」『アメリカ研究』第50号、2016年。

●第一章

宗岡宏之（むねおか・ひろゆき）

1988年生まれ。慶應義塾大学大学院法学研究科博士過程在籍中。

主要業績：R.タック『戦争と平和の権利』〔共訳＋「解説」〕（風行社、2015年）。

●第二章

林　嵩文（はやし・たかふみ）

1991年生まれ。慶應義塾大学大学院法学研究科博士課程在籍中。

専門は近代ドイツ政治思想史。

●第三章

梅澤佑介（うめざわ・ゆうすけ）

1987年生まれ。慶應義塾大学大学院法学研究科博士課程在籍中。

主要業績：「市民の義務としての反乱——ハロルド・ラスキによるT・H・グリーンの批判的継承」『イギリス哲学研究』第39号、2016年。

●第四章

長野　晃（ながの・あきら）

1987年生まれ。慶應義塾大学大学院法学研究科博士課程在籍中。

主要業績：「カール・シュミットの均衡理論——リベラリズムとデモクラシーの分離と結合」『政治思想研究』第15号、2015年。

[索　　引]

原著の巻末索引に対応させたもので訳注や解説に登場してくるものは含まれていない。また原著での明らかな誤りは修正しておいた。

【あ】

アイザックス、ハロルド(Isaacs, Harold) 119-120
アイゼンベルグ、アーロン(Eisenberg, Aharon) 56-57
アイト・アフマド、オシン(Ait Ahmed, Hocine) 16, 100-101
アタテュルク、ムスタファ・ケマル(Atatürk, Mustafa Kemal) 3, 78
アダムズ、ジョン(Adams, John) 144
新しさ(Newness)、(as a goal of liberation) 12-13, 33-34, 59, 142, 152
アッバース、ファラハート(Abbas, Ferhat) 16
アドラー、レイチェル(Adler, Rachel) 138n34
アハド・ハアム(Ahad Ha'am)(Asher Ginzberg) 44, 51-52, 56, 58-59, 75n23, 132
アバーネ、ラムダーネ(Abane, Ramdane) 16
アメリカ例外主義(Exceptionalism, American) 5, 141, 152
アラファト、ヤセル(Arafat, Yasser) 61-62
アルジェリア・ウラマー協会(Association of Algerian Ulama) 16
『アル・ムジャヒド』(*El Moudjabid*) 27
アルモグ、オズ(Almog, Oz) 38n11
アルモグ、シュムエル(Almog, Shmuel) 74n7
アレント、ハンナ(Arendt, Hannah) 146, 148, 154n9, 155n13
アロイシャス、G(Aloysius, G.) 90-91, 108n18
安息日厳守主義(Sabbatarianism) 149-150
アンダーソン、ペリー(Anderson, Perry) 82-84, 86
アンベードカル、B・R(Ambedkar, B. R.) 22, 35, 118

イスラーム(Islam) 16, 61-62, 96, 101
　──の原理(principles) 15, 27-28, 89, 128
　ラディカル──(radical) 34 → 信仰復興〔イスラームの──〕
イスラーム救国戦線(FIS)(Islamic Salvation Front) 20, 127-128
インド国民会議(Indian National Congress) 4, 29-30, 32, 113-114, 117-118
『インドの発見』(ネルー)(*Discovery of India*) 30, 126
インドのムスリム(Muslims, Indian) 98, 104-105, 118-119

ヴァイツマン、ハイム(Weizmann,

Chaim） 23, 44, 52
ヴァルマ、V・P（Varma, V. P.） 35
ヴィタル、ダヴィド（Vital, David） 73n1
『ヴェニスの商人』（シェークスピア）（*Merchant of Venice*） 72
ウガンダ計画（Uganda project） 48-51, 89
ウッド、ゴードン（Wood, Gordon） 146
ウルフ、ヴァージニア（Woolf, Virginia） 125, 138n25

『エコノミック＆ポリティカル・ウィークリー』（*Economic and Political Weekly*） 34
エマーソン、ラルフ・ワルド（Emerson, Ralph Waldo） 13
エレミヤ（Jeremiah） 45
エンジニア、アスガー・アリ（Engineer, Asghar Ali） 137n21

オーストリア・マルクス主義者（Austro-Marxists） 92-94
オフィル、アディ（Ophir, Adi） 107n9

【か】

外国の支配（Foreign rule）
　──への迎合／順応（accommodation to） 8, 11, 80
　──への抵抗／反抗（resistance to） 8, 80, 92
解放、ユダヤ人の（Emancipation, Jewish） 58, 133
カウル、ラジクマリ・アムリット（Kaur Rajkumari Amrit） 21-22
カガン、イスラエル（Kagan, Israel） 54
革命（Revolution） 10-11, 13-14
　アメリカの──（American） 142, 146, 152
　アルジェリアの──（Algerian） 13
　ピューリタンの──（Puritan） 36
　フランスの──（French） 34
　プロレタリアの──（proletarian） 91-92, 106
カースト制度（Caste system） 35, 90, 113, 119-120
カストロ、フィデル（Castro, Fidel） 28
家族法（アルジェリア）（Family Code）（Algeria） 20, 128
カダー、ニール（Kadar, Nir） 109n23
カーバー、リンダ（Kerber, Linda） 152
カペル、モッティ（Karpel, Motti） 76n34
ガルブレイス、ジョン・ケネス（Galbraith, John Kenneth） 22
ガンディー、モーハンダース（Gandhi, Mohandas） 9-10, 25-28, 85, 112
　──の暗殺（association of） 10, 37n6
　──の「建設的プログラム」（constructive program of） 9

ギアツ、クリフォード・（Geertz, Clifford） 18, 28, 30-31
ギャランテール、マルク（Galanter, Marc） 137n18
宮廷ユダヤ人（Court Jew） 8, 130
共産党（Communist Party）
　インドの──（of India） 22, 90
　グレートブリテンの──（of Great Britain） 23

クラウスナー、ヨーゼフ（Klausner, Joseph） 52-53
グラムシ、アントニオ（Gramsci, Antonio） 128-129
クラムニック、アイザック（Kramnick, Isaac） 150

クリパラニ、J・B（Kripalani, J. B.） 119
クルアーン（Qur'an） 96, 121, 122

啓蒙（Enlightenment） 95-96, 97-98, 114, 143-144
憲法（Constitution）
アメリカ──（American） 141, 144, 149, 150
インド ──（Indian） 21, 114-115, 117-118, 127

コーエン、ミッチェル（Cohen, Mitchell） 37n1, 107n4, 109n23
ゴールワルカール、M・S（Golwalkar, M. S.） 86-87, 37n3, 108n16
ゴレンバーグ、ガーショム（Gorenberg, Gershom） 76n33, 109n30

【さ】

サイード、エドワード（Said, Edward） 4, 75n28, 75n30, 81,
サーヴァルカル、V・D（Savarkar, V. D.） 86, 88-89
サティー（Sati） 113, 136n5
『サバルタン・スタディーズ』（*Subaltern Studies*） 80
サルカール、スミット（Sarkar, Sumit） 107n6, 114
サルトル、ジャン＝ポール（Sartre, Jean-Paul） 16, 38n18
サルヒー、ザヒア・スマイール（Salhi, Zahia Smail） 20
サンダー、マダヴィ（Sunder, Madhavi） 137n21
ザンド、シュロモー（Sand, Shlomo） 108n15
ジェイムソン、J・フランクリン（Jameson, J. Franklin） 154n10
ジェファソン、トーマス（Jefferson, Thomas） 144, 154n9
シオニストの聖書主義（Biblicism, Zionist） 53-54, 70-72, 127
シオニズム、シオニスト（Zionism, Zionists） 27, 43-45, 70, 131-133, 135
──とイスラエルの地（and the Land of Israel） 49-51, 89
──と普通（and normality） 34, 98
── vs ユダヤ主義（vs. Judaism） 30, 45-47, 50-58, 129
メシア的──（messianic） 34, 66, 96
ジッパースタイン、スティーヴン（Zipperstein, Steven） 75n26
『資本論』（マルクス）（*Capital*） 126
社会主義勢力戦線（ＦＦＳ）（Front of Socialist Forces） 101
社会党（インド）（Socialist Party）（India） 30
『ジャナタ』（*Janata*） 121
シャー・バーノー（Shah Bano） 120
ジャボチンスキー、ゼエヴ（Jabotinsky, Ze'ev） 55
シャリーア（Shari'a） 118, 121
シュウォーツ、ベンジャミン・J（Schwartz, Benjamin J.） 155n13
自由主義（Liberalism） 80
出エジプト（あるいは「迫害の地からの脱出」）（Exodus） 4, 9, 13, 37
シュワーズマンテル、ジョン（Schwarzmantel, John） 93
女性（Women） 90, 120-121, 152
アルジェリアにおける──の服従（subordination of, in Algeria） 19-20, 28, 133
インドにおける──（India） 114, 120-

125, 126-127
インドのムスリムにおける──(Indian Muslim) 121-122
──の解放(liberation of) 18-22, 124
ユダヤ人の──(Jewish) 48, 133-134
ショーレム、ゲルショム(Scholem, Gershom) 37n9, 72, 73n4
ジョンソン、リチャード・M(Johnson, Richard M.) 150-151, 152
『自力解放』(*Auto-Emancipation*)(レオン・ピンスケル) 46
信仰復興(Religious revivalism) 34, 62-63, 78-79
アメリカの──(American) 149
イスラームの──(Islamic) 16, 20-21, 128
ユダヤ教の──(Jewish) 64-69, 71, 96
→ヒンドゥトヴァ、超正統派(ユダヤ教)
ジンナー、ムハンマド・アリー(Jinnah, Mohammed Ali) 99

スコット、ジェイムズ・C(Scott, James C.) 37n2
スミス、アンソニー・D(Smith, Anthony D.) 108n15
スリスリ、ファウズィ(Slisli, Fouzi) 39n20
スンマム綱領(Soummam Platform) 15, 18, 100, 101, 103

西洋、西洋化(Western, Westernizing) 4, 12, 33, 113-114, 123-124, 144
世俗主義(Secularism) 12、95、125
──的権威主義(authoritarian) 3, 31
──左派(left) 4, 128
──と国家(and the state) 84-85
──の不可避性(inevitability of) 30, 116-117, 152-153
ネルーの──(Nehruvian) 73, 84
セン、アマルティア(Sen, Amartya) 80, 122
全インド女性会議(All India Women's Conference) 21
全インド民主女性連盟(All India Democratic Women's Association) 120, 137n19

ゾーファー、モーゼス(Sofer, Moses) 38n14

【た】

大覚醒(Great Awakening)
第一次──(First) 142
第二次──(Second) 141, 149-150, 151
タウブ、ガディ(Taub, Gadi) 76n33, 109n30
タゴール、ラビーンドラナート(Tagore, Rabindranath) 127
ダット、R・C(Dutt, R. C.) 113
タミール、ヤエル(Tamir, Yael) 107n4
ダリット(Dalit) →不可触賤民
ダン、ジョン(Dunn, John) 28
タンビア、スタンリー・J(Tambiah, Stanley J.) 137n16

チャクラバルティ、ディペシュ(Chakrabarty, Dipesh) 114
チャタジー、パルタ(Chatterjee, Partha) 118
チャーチル、ウィンストン(Churchill, Winston) 24
超正統派(ユダヤ教)(Ultra-Orthodoxy)(Jewish) 14, 34, 64-65, 68

ツァイトリン、ヒレル(Zeitlin, Hillel)

49-50, 65, 89

ティトー、ヨシップ・ブロズ(Tito, Josip Broz) 28
デサイ、ラディカ(Desai, Radhika) 136n5
テロリズム(Terrorism) 14, 16

トクヴィル、アレクシ・ド(Tocqueville, Alexis de) 147, 154n12
ド・ゴール、シャルル(De Gaulle, Charles) 17
トーリー、アメリカの(Tories, American) 148
奴隷(Slavery) 100, 146, 152

【な】

ナイポール、V・S(Naipaul, V. S.) 12, 26, 85
ナクバ(Naqba) 62
ナショナリズム(Nationalism) 79-84, 90, 95
—と対照的な民族解放(contrasted with national liberation) 10
ナセル、ガマール・アブドゥル(Nasser, Gamal Abdel) 3
ナーラーヤン、ウマ(Narayan, Uma) 123-125, 136n5
ナーラーヤン、J・P(Narayan, J. P.) 29
ナンダ、B・R(Nanda, B. R.) 26
ナンディ、アシシュ(Nandy, Ashis) 32, 41n43, 89, 111-113, 122, 136n5

ニガム、アディティヤ(Nigam, Aditya) 114-115
『ニュー・レフト・レビュー』(*New Left Review*) 82

ヌスバウム、マーサ(Nussbaum, Martha) 108n16, 117, 127, 136n4

『ネクーダ』(*Nekudah*) 67
ネルー、ジャワハルラール(Nehru Jawaharlal) 11, 18, 78, 84, 88
—とイングランド(and England) 22
—とガンディー(and Gandhi) 26
—と近代科学(and modern science) 24, 30
—におけるムスリム少数派(on the Muslim minority) 104-105, 120, 137n16
—の世俗主義(secularism of) 112, 115-117

ノルダウ、マックス(Nordau, Max) 48

【は】

バウアー、オットー(Bauer, Otto) 94
ハウプトマン、ジュディス(Hauptman, Judith) 138n34
ハガナー(Haganah) 18, 133
バーク、エドマンド(Burke, Edmund) 142, 153n2
ハザース、ハイム(Hazaz, Haim) 53
ハージュ、メサーリー(Hadj, Mesali) 32
バース党(シリアとイラク)(Baath)(Syria and Iraq) 3
ハダド、ワディ(Haddad, Waddie) 61
ハーツ、ルイス(Hartz, Louis) 14, 142
バッカス、アイザック(Backus, Isaac) 144
ハッチンソン、トーマス(Hutchinson, Thomas) 146-147
ハーツバーグ、アーサー(Hertzberg, Arthur) 70

ハートマン、デイヴィッド(Hartman, David) 54, 131
ハバシュ、ジョージ(Habash, George) 61
ハミルトン、アレグザンダー(Hamilton, Alexander) 144
バラゴパル、K(Balagopal, K.) 41n44
バーリン、アイザイア(Berlin, Isaiah) 52
バルガヴァ、ラジーヴ(Barghava, Rajeev) 32, 97, 144
パレスチナ解放人民戦線(Popular Front for the Liberation of Palestine) 61
パレスチナ人(Palestinians) 2, 44-45
　—の民族解放(national liberation of) 60-62, 106
ハレーディーム(Haredim) → 超正統派(ユダヤ教)
反革命、宗教的(Counterrevolution, religious) 3-4, 14, 20, 63, 69, 135 → 信仰復興
　ハンセン、トーマス・ブロム(Hansen, Thomas Blom) 97

ビアリー、デイヴィッド(Biale, David) 76n37, 76n38, 107n9
ビアリク、ハイム・ナフマン(Bialik, Hayim Nahman) 52, 74n14, 130
非協力運動(1920-22) (Non-cooperation Movement) 90
ビルグラミ、アキール(Bilgrami, Akeel) 112, 116
ピンスケル、レオン(Pinsker, Leo) 46
ヒンドゥー主義(Hinduism) 10, 12, 85, 88, 117, 118
　—プレモダン(premodern) 86, 111, 113
ヒンドゥトヴァ(Hindutva) 27, 34-35, 86-88, 97, 111-116, 119 → 信仰復興

ファタハ(Fatah) 62
ファノン、フランツ(Fanon, Frantz) 13, 14, 24, 27, 38n18, 39n20, 39n24, 62-63
　—における女性解放(on woman's liberation) 18
フェミニズム(Feminism) 123-125, 152, 153
不可触賤民(Untouchables, untouchability) 10, 26, 90, 97, 114
　—の廃止(abolition of) 117, 119
フーコー、ミシェル(Foucault, Michel) 114
ブーバー、マルティン(Buber, Martin) 54
ブーヒルド、ジャミラ(Bouhired, Djamila) 20
ブーメディエン、フワーリ(Boumedienne, Houari) 28, 32, 100
ブラウン、オバデヤ(Brown, Obadiah) 150-151, 152
プラサード、ラージェーンドラ(Prasad, Rajendra) 104, 110n32
プラスコウ、ジュディス(Plaskow, Judith) 138n34
ブラフマン(Brahmins) 34-35, 113, 115
フランクリン、ベンジャミン(Franklin, Benjamin) 154n9
ブリーン、T・H(Breen, T. H.) 144-146, 152, 154n9
『古くて新しい土地』(*Old-New Land*)(ヘルツル) 48
ブルボンヌ、ムーラ(Bourbonne, Mourad) 38n18
フロイト、ジクムント(Freud, Sigmund) 22

プロテスタンティズム(Protestantism)
142, 149, 152
——の社会学(sociology of) 145
『文化と帝国主義』(*Culture and Imperialism*)(サイード) 81

ヘゲモニー理論(Hegemony, theory of) 128-129
ヘルツル、テオドール(Herzl, Theodor)
23, 43-44, 47, 74n7, 133
——とウガンダ(and Uganda) 48-51
ベルディチェフスキー、M・J(Berdichevsky, M. J.) 70
ベルハジ、イマーム・アリ(Belhadj, Imam Ali) 20
ベルベル人(Berbers) 15, 28, 98-101
「ベルベルの春」(Berber Spring) 105-106
ベルンフェルト、ジーモン(Bernfeld, Simon) 53
ベン=グリオン、ダヴィド(Ben-Gurion, David) 12, 24, 38n11, 65-66, 131-132
——とアラブの少数派(and the Arab minority) 102-103
——における移民の吸収(on immigrant absorption) 60, 75n27
——における聖書(on the Bible) 76n38
——におけるメシアニズム(on messianism) 109n23
ベンジェディド、シャドリ(Bendjedid, Chadli) 127
弁証法(Dialectic) 36, 72
ベン・ベラ、アフマド(Ben Bella, Ahmed) 16, 24, 28, 100

ポスト・コロニアリズム(Postcolonialism)
73, 78-80, 112, 113-114
ボロホフ、ベール(Borochov, Ber)
107n4
ホーン、アリステア(Horne, Alastair)
19

【ま】

マダン、T・N(Madan, T. N.) 107n2
マッツィーニ、ジュゼッペ(Mazzini, Giuseppe) 125
マーティン、B・G(Martin, B. G.)
39n20
マパイ(Mapai) 24, 29, 102
マラムパリィ、チャンドラ(Mallampalli, Chandra) 107n3
マルクス、カール(Marx, Karl) 16, 22, 125, 126
マルクス主義者、マルクス主義(Marxist、Marxism) 11, 15, 24, 34, 69, 114
——と民族解放(and national liberation) 73, 78-85, 89
——の普遍主義(universalism of) 79, 90, 92, 94-95
マルロー、アンドレ(Malraux, André)
16, 84, 107n11

ミズラヒム(Mizrahi) 44, 50
ミソジニー(女性蔑視)(Misogyny)
34 → 女性
ミレット制(Millet system) 102
民主主義(Democracy) 3, 64, 67, 98
——と信仰復興(and religious revival)
32, 97, 102
民族解放(National liberation) 2-3, 7, 10
——の逆説(paradox of) 3-4, 25, 77-78
——の繰り返し(reiterations of) 105-106
——の批判(criticism of) 80-91

──の未来（future of） 135
──の擁護（defense of ） 95-106
民族解放戦線（FLN）（National Liberation Front） 1, 3, 14-20, 29, 128
──とイスラーム社会主義（and Islamic socialism） 16, 96
──の権威主義（authoritarianism of） 3, 14, 28
民族義勇団（RSS）（Rashtriya Swayamsevak Sang） 112, 136n4
民族であること（Peoplehood）
ヒンドゥー（Hindu） 86-88
ユダヤ人（Jewish） 86-87
民法典（インド）（Civil code）（India） 117-118, 120, 127

ムーア、R・ローレンツ（Moore, R. Laurence） 150
六日戦争（Six-Day War）（1967） 66, 96
ムスリム諸法の下で生きる女性（WLUML）（Women Living Under Muslim Laws） 121-122, 134
ムスリム連盟（Muslim League） 104

メゲド、アハロン（Megged, Aharon） 70, 115
メシア、メシアニズム（Messiah, messianism） 37n9, 46, 66-70, 95-96
メータ、アショーカ（Mehta, Asoka） 29, 40n37
メンミ、アルベール（Memmi, Albert） 7, 47

モーセ（Moses） 9, 22
モツキン、レオ（Motzkin, Leo） 52

【や】

ユダヤ教（Judaism） 46, 129-133 → 信仰復興〔ユダヤ教の──〕；シオニズム、シオニスト〔── vs. ユダヤ教〕

【ら】

ラヴィツキー、アヴィエゼル（Ravitsky, Aviezer） 76n33
ラヴニツキー、ヨシュア・ハナ（Ravnitsky, Yehoshua Hana） 74n14
ラシュラフ、モステファ（Lacheraf, Mostefa） 16

離散、ユダヤ人の（Exile, Jewish） 2
──の政治（politics of） 46, 131-133
──の否定（negation of the） 46-48, 130

ルズ、エフド（Luz, Ehud） 30, 74n8, 74n11
ルビンスタイン、アムノン（Rubinstein, Amnon） 64-65

レヴィン、フダー・ライプ（Levin, Judah Leib） 49
レーニン、ウラージミル（Lenin, Vladimir） 3, 16, 56, 75n23, 78

ロイ、M・N（Roy, M. N.） 90-91
労働シオニズム（Labor Zionism） 1, 32
→ マパイ
ロック、ジョン（Locke, John） 144

解放のパラドックス——世俗革命と宗教的反革命

2016年１月30日　初版第１刷発行

著　者　マイケル・ウォルツァー
監訳者　萩　原　能　久
発行者　犬　塚　　満
発行所　株式会社 風　行　社
〒101-0052 東京都千代田区神田小川町３－26－20
Tel. & Fax. 03-6672-4001
振替 00190-1-537252
印刷・製本　中央精版印刷株式会社
装丁　坂口　顯

ISBN978-4-86258-091-7